Marlis Erni-Fähndrich

Satzzeichen
und direkte Rede

Arbeitsblätter und Übungen
zur richtigen Zeichensetzung

5./6. Klasse

Kopiervorlagen mit Lösungen

BRIGG Pädagogik

Gedruckt auf umweltbewusst gefertigtem, chlorfrei gebleichtem
und alterungsbeständigem Papier.

1. Auflage 2011
Nach den seit 2006 amtlich gültigen Regelungen der deutschen Rechtschreibung
© by Brigg Pädagogik Verlag GmbH, Augsburg
Alle Rechte vorbehalten.

Originalausgabe © 2007 elk *verlag* AG, CH-Winterthur, www.elkverlag.ch
Marlis Erni-Fähndrich
Satzzeichen und direkte Rede

Illustrationen: René Leutenegger

ISBN 978-3-87101-**775**-9   www.brigg-paedagogik.de

INHALTSVERZEICHNIS

Direkte Rede

* Mit einem Stern gekennzeichnete Arbeitsblätter sind sehr anspruchsvoll

VORBEMERKUNGEN

SPRECHEN UND SCHREIBEN
HÖREN UND LESEN

Beim *Sprechen* verdeutlicht man den Sinn durch Intonation, Betonung und Sprechpausen, durch Rhythmus und Tempo. Der Text wird in zusammengehörende Einheiten gegliedert, was *dem Hörer/der Hörerin* das Erfassen der Sprecherabsicht erleichtert.

Beim *Schreiben* übernehmen die Satzzeichen einen Teil dieser Funktionen: Sie gliedern den Text in Einheiten und erleichtern dadurch das Lesen. Was die Zeichensetzung betrifft, so besteht keine direkte Beziehung zwischen gesprochener und geschriebener Sprache. Satzzeichen sind grafische Signale der geschriebenen Sprache, was für *den Leser/die Leserin* das Erfassen des Satzes erleichtert. Es liegt nahe, Funktion und Bedeutung der Satzzeichen in *schriftlicher Form* zu vermitteln.

Auf den grundsätzlichen Unterschied zwischen Sprechen und Schreiben gehen die ersten beiden Übungen ein, und zwar mit fremdsprachigen Texten: Derselbe Satz wird als „Wortschlange" auf Spanisch und auf Italienisch dargestellt. Diese Sätze sollten *schnell* vorgelesen werden, um zu veranschaulichen, dass wir zwischen den Wörtern keine Sprechpause machen. In einer Sprache, die wir nicht kennen, erfassen wir die einzelnen Wortgrenzen nicht.

Als Variante könnte ein fremdsprachiges Kind einen Satz in seiner Muttersprache sagen, sodass die anderen Kinder ihn nicht verstehen. Möglich ist auch, dass die Lehrerin/der Lehrer einen Satz in einer ihr/ihm geläufigen Fremdsprache sagt.

Wichtig ist hier, dass den Kindern bewusst wird, dass und wie sich Sprechen und Schreiben unterscheiden. Beim Schreiben müssen wir Leerräume machen und Zeichen setzen, damit Inhalt und Absicht klar werden.

Arbeitsblatt 2 bietet die Lösungen zu Arbeitsblatt 1 und prüft das Leseverständnis. Die Übung mit den Vornamen eignet sich deshalb gut, weil dadurch die Großschreibung am Satzanfang vermieden werden kann – sie würde unerwünschte Lösungshinweise geben.

SATZZEICHEN

Besprochen und geübt werden die folgenden Satzzeichen:

- *Punkt am Satzende* (Arbeitsblätter 1 bis 5)
  Der Punkt am Satzende bietet keine Probleme. Nicht besprochen werden Abkürzungs- und Auslassungspunkte sowie der Punkt nach einer Ordnungszahl am Satzende. In diesen Fällen entfällt der Satzschlusspunkt. Kurz erwähnt wird, dass man nach einem Titel keinen Punkt setzt (Arbeitsblatt 16).

- -

- *Fragezeichen* (Arbeitsblätter 6 bis 10)

  Auch das Fragezeichen am Satzende ist problemlos. In den
  Arbeitsblättern wird vor allem geübt, welche Arten von Fragen
  und wie viele verschiedene Fragewörter es gibt.

  Auf Arbeitsblatt 10 werden die Kinder aufgefordert, selbst fünf
  Fragen zu Themen aufzuschreiben, für die sie sich interessieren.
  Es ist eine sehr freie Aufgabe, die unbedingt im Klassenrahmen
  diskutiert werden sollte. Hier ergeben sich *inhaltliche* Schwer-
  punkte, die weit über die Satzzeichen hinausgehen.

- *Ausrufezeichen* (Arbeitsblätter 11 bis 14)

  Während die Anwendung des Fragezeichens relativ eindeutig ist,
  ist das Setzen des Ausrufezeichens oft Ermessenssache. Es ver-
  leiht einer Aussage besonderen Nachdruck. In Aufforderungs-
  oder Wunschsätzen, denen man diesen Nachdruck nicht verlei-
  hen will, setzt man einen Punkt. Beispiel: „Das war wirklich ein
  schönes Erlebnis." (oder !)
  In den Übungen werden nur eindeutige Befehle und Ausrufe mit
  dem Ausrufezeichen versehen. Auf Arbeitsblatt 11 wird gezeigt,
  dass nicht jede kurze Aussage ein Ausruf oder ein Befehl ist. Die
  Doppelübung auf Arbeitsblatt 12 trainiert die Imperativformen der
  Verben.

- *Alle Zeichen am Satzende* (Arbeitsblätter 15 bis 19)

  Dies ist eine *Zusammenfassung* der Satzschlusszeichen. Auch
  hier bleibt Spielraum: Oft ist sowohl der Punkt als auch das Ausrufezeichen möglich. Die Lösungen berücksichtigen dies.
  Auf dem Arbeitsblatt 18 ist eine sehr freie Aufgabe: Die Kinder
  sollen ihre eigene Schule beschreiben. Darüber sollte in der
  Klasse diskutiert werden.

- *Komma* (Arbeitsblätter 20 bis 36)

  Besprochen werden die elementaren Kommaregeln:
  ◊ Aufzählung von Nomen, Verben und Adjektiven sowie von
    Wortgruppen; kein Komma vor *und / oder*.
  ◊ Unterscheidung zwischen gleichrangigen und nicht gleichran-
    gigen Wörtern und Wortgruppen: z. B. ein furchtbar langweili-
    ger Film: nicht gleichrangig, keine Aufzählung; ein hübsches,
    kleines Geschenk: gleichrangig, Aufzählung.
    Um herauszufinden, ob es eine Aufzählung ist, dient einerseits
    die *Und-Probe*, andererseits die *Umstell-Probe*.
  ◊ Komma zwischen Haupt- und Nebensatz (diese Begriffe wer-
    den nicht verwendet); das Augenmerk wird auf die den Neben-
    satz einleitenden Konjunktionen gerichtet *(aber, damit, dass,
    ob, obwohl, seit, sobald, wann, warum, weil, wenn)*.

Marlis Erni-Fähndrich: Satzzeichen und direkte Rede · 5./6. Klasse · Best.-Nr. 775 · © Brigg Pädagogik Verlag GmbH, Augsburg

----

- *Anführungszeichen* („Gänsefüßchen"; Redezeichen) in der direkten Rede (Arbeitsblätter 37 bis 50)
  Es wird nur die wörtliche Rede behandelt; auf andere Formen der wörtlichen Wiedergabe wie Sprichwörter, Buch- oder Zeitungstitel, Einzelwörter, wörtliche Zitate innerhalb eines Satzes usw. wird nicht eingegangen.

In den Übungen kommen drei Möglichkeiten vor: Begleitsatz am Anfang, am Ende oder mitten im Satz (sog. eingeschobener Begleitsatz):

Beispiel: *Er seufzte:* „Ich möchte wieder einmal in Ruhe ein Buch lesen."

„Ich möchte wieder einmal in Ruhe ein Buch lesen", *seufzte er.*

„Ich möchte", *seufzte er,* „wieder einmal in Ruhe ein Buch lesen."

Auf Arbeitsblatt 45 werden die drei Möglichkeiten grafisch dargestellt.

Die vierte Möglichkeit, nämlich der Begleitsatz, der die wörtliche Rede umgibt, wird nicht erwähnt (Die Mutter sagte: „Jetzt gehe ich einkaufen", und zog den Mantel an.).

Es ist nicht immer einfach, zu erkennen, was genau wörtliche Rede ist. In den Arbeitsblättern wird die direkte Rede durch Sprechblasen verdeutlicht: Was in der Sprechblase steht, hat jemand wörtlich so gesagt. Beim Umsetzen im fortlaufenden Text steht genau dieser Teil in Anführungszeichen. In diesem Zusammenhang wird auch der Unterschied zwischen direkter und indirekter Rede gezeigt, ohne dass explizit auf die notwendigen grammatischen Transformationen eingegangen würde.

Beispiel: Simon fragt: „Wer hat beim Skifahren gewonnen?"
Simon fragt, wer beim Skifahren gewonnen habe.

In Arbeitsblatt 50 sollen Diskussionen erfunden werden. Die Übung eignet sich gut als Partner- oder Gruppenarbeit. Satz- und Redezeichen sollten sorgfältig korrigiert werden. Die Texte können anschließend szenisch umgesetzt werden (Erzähler, Berichterstatterin, Sprecher, Moderatorin usw.).

Form der Anführungszeichen
In den Arbeitsblättern wird die folgende Form gewählt (sogenannte typografische Anführungszeichen): „..." Gebräuchlich sind auch andere Formen, denen die Kinder bei ihrer Lektüre begegnen werden: «...» (im Französischen bevorzugt) bzw. »...« (im Deutschen üblich).
Auf die unterschiedlichen Formen kann hingewiesen werden, falls entsprechende Texte bearbeitet werden.

Die Begriffe *„Rede- und Schlusszeichen"* bzw. *„Gänsefüßchen"* werden kurz erwähnt; ansonsten wird die Bezeichnung *„Anführungszeichen"* verwendet.

EINSATZMÖGLICHKEITEN

Die *Satzzeichen* sind ein Dauerthema, vor allem das Komma und die Anführungszeichen. Der Inhalt der Arbeitsblätter ist nicht an einen konkreten Unterrichtsstoff gebunden, sodass die Übungen sehr flexibel eingesetzt werden können. Sie eignen sich gut für Partnerarbeit, wobei selbstverständlich jedes Kind seine eigenen Übungsblätter bearbeitet. Nach einer kurzen Einführung durch Sie können die Kinder selbstständig arbeiten. Vergewissern Sie sich zu Beginn, ob die Kinder die Aufgaben verstanden haben und wissen, was sie tun müssen.

Die einzelnen Themen sind voneinander unabhängig. Es wird vom Einfachen zum Komplexeren fortgeschritten. Spätere Übungen setzen also das Grundwissen voraus, das durch die vorangehenden Übungen vermittelt wird.

Im Inhaltsverzeichnis erläutert ein kurzer Kommentar, worum es geht. So können Sie leichter entscheiden, ob ein bestimmtes Übungsblatt dem Kenntnisstand der Klasse oder einzelner Schülerinnen und Schüler entspricht. Im Inhaltsverzeichnis sehen Sie auch, welche Übungen besonders anspruchsvoll sind.

WEITERARBEIT

Punkt, Frage- und Ausrufezeichen bereiten normalerweise keine größeren Probleme; sie werden allenfalls aus Flüchtigkeit vergessen.

Problematischer ist die Kommasetzung. Die korrekte Anwendung der Kommaregeln setzt vertieftes grammatisches Wissen voraus, das häufig (noch) nicht vorhanden ist. Die Regel, wonach Nebensätze durch Kommas vom übergeordneten Satz abgetrennt werden, hilft nicht, wenn man nicht weiß, was ein Nebensatz oder ein übergeordneter Satz ist (der seinerseits Haupt- oder Nebensatz sein kann).
Mit den Beispielen und Übungen in den Arbeitsblättern werden häufige Fälle abgedeckt (Aufzählungen und einige wichtige Konjunktionen, die Nebensätze einleiten).
Falls sich im Schulalltag Gelegenheiten ergeben, können Sie nebenbei auf die Kommaverwendung hinweisen.

Bezüglich Zeichensetzung bietet die *indirekte Rede* gewisse Probleme: Nach *indirekten* Frage- oder Ausrufesätzen steht *ein Punkt*, unabhängig davon, ob sie am Satzanfang oder am Satzende stehen.

Marlis Erni-Fähndrich: Satzzeichen und direkte Rede · 5./6. Klasse · Best.-Nr. 775 · © Brigg Pädagogik Verlag GmbH, Augsburg

----

Sie werden also wie normale Aussagesätze behandelt.

Beispiele:

- Sie fragte, warum sie nicht mitkommen dürfe.
  Warum sie nicht mitkommen dürfe, fragte sie.
- Er schrie, sie müsse sofort herkommen.
  Sie müsse sofort herkommen, schrie er.

Auf Arbeitsblatt 40 werden direkte und indirekte Rede einander gegenübergestellt, aber auf das Thema der Satzschlusszeichen wird nicht eingegangen, denn es geht in den Übungen auf Arbeitsblatt 40 darum, zu erkennen, ob Anführungszeichen gesetzt werden müssen oder nicht.

Die Regeln zur *Abtrennung von wörtlicher Rede und Begleitsatz* sind relativ einfach:

- Wenn der Begleitsatz vorangeht, steht zwischen Begleitsatz und wörtlicher Rede ein *Doppelpunkt:*
  Er fragte: „Wie spät ist es?"
- In allen übrigen Fällen werden Begleitsatz und wörtliche Rede durch *Kommas* getrennt.
  „Ich habe den Brief heute abgeschickt", beteuerte er.
  „Ich habe", beteuerte er, „den Brief heute abgeschickt."

Nach der wörtlichen Rede wird also ein Komma gesetzt, wenn der Begleitsatz folgt oder weitergeht.

Auf Arbeitsblatt 44 wird auf die Zeichensetzung bei vorangehendem und bei nachfolgendem Begleitsatz eingegangen.

Auf Arbeitsblatt 45 wird die Zeichensetzung zwischen Begleitsatz und wörtlicher Rede grafisch veranschaulicht. Das Schema wird auch auf den folgenden Übungsseiten wiedergegeben.

Bezüglich Zeichensetzung ist die direkte Rede, die den eingeschobenen Begleitsatz umgibt, im Grunde genommen eine Kombination aus den beiden anderen Möglichkeiten:

„Wörtliche Rede", 　Begleitsatz.

Begleitsatz: „Wörtliche Rede." (? !)

„Wörtliche Rede", 　Begleitsatz, „wörtliche Rede." (? !)

Unterschiedlich ist die Zeichensetzung nach dem *Begleitsatz*. Diese Zusammenhänge können gut im Unterrichtsgespräch mit der ganzen Klasse gefestigt werden. Gerade bei der direkten Rede ist genaues Beobachten und sorgfältiges Arbeiten gefragt.

Die *Zusammenfassung* (S. 11–12) stellt das Wesentliche der behandelten Satzzeichen übersichtlich zusammen.

BESONDERHEITEN   Die folgenden Hinweise dienen Ihnen als Hintergrundwissen; für die Unterstufe gehen diese Regeln meist zu weit.

Wenn die wörtliche Rede eine Frage oder ein Ausruf ist, wird das entsprechende Satzzeichen gesetzt (im Unterschied zum Punkt):
„wörtliche Rede (? !)**“,**   Begleitsatz.
- „Weißt du das wirklich nicht?“, fragte sie freundlich.
  In diesem Beispiel gehört das Fragezeichen zur direkten Rede, während das Komma wörtliche Rede und Begleitsatz trennt.
- „Tu das nie wieder!“, sagte sie nachdrücklich.
Solche Sätze kommen in den Übungen nicht vor. Direkte Frage- und Ausrufesätze werden nur mit *vorangehendem* oder *eingeschobenem* Begleitsatz verwendet:
Gabriel fragt: „Wer kommt mit mir ins Schwimmbad?“
Anita ruft: „Kommt ganz schnell!“
„Wer kann schneller rennen“, fragt Sascha, „ein Löwe oder ein Tiger?“

Eine weitere Besonderheit wird ebenfalls nicht erwähnt:
- Wenn die wörtliche Rede am Anfang (oder in der Mitte) des Satzes steht, entfällt der Punkt:
  „Das war eine günstige Gelegenheit“, berichtete sie.
  Die wörtliche Rede hat also kein Satzschlusszeichen, obwohl sie ein ganzer Satz ist.
- Steht die wörtliche Rede am Ende des Satzes, behält sie ihren Punkt:
  Sie berichtete: „Das war eine günstige Gelegenheit.“
  Die wörtliche Rede hat hier einen Satzschlusspunkt. In diesem Fall entfällt jedoch der Punkt des Ganzsatzes: Nach den schließenden Anführungszeichen setzt man keinen Punkt.

In den Arbeitsblättern wird die Zeichensetzung selbstverständlich korrekt gehandhabt, aber es wird nicht auf alle Möglichkeiten explizit eingegangen.

Im letzten Teil der Themenmappe finden Sie die Lösungen.

Viel Freude und Erfolg mit den Übungen wünscht Ihnen und Ihren Schüler/-innen

Marlis Erni-Fähndrich

Marlis Erni-Fähndrich: Satzzeichen und direkte Rede · 5./6. Klasse · Best.-Nr. 775 · © Brigg Pädagogik Verlag GmbH, Augsburg

Satzzeichen

Zusammenfassung

Satzzeichen am Satzende

 Am Ende eines normalen Satzes macht man einen **Punkt**.

> Das weiß ich schon lange.

 Wenn man eine Frage stellt, steht am Schluss ein **Fragezeichen**.

> Darf ich Ihnen eine Frage stellen?

 Nach einem Befehl oder Ausruf steht ein **Ausrufezeichen**.

> Aber sicher!   Juhu!   Geh weg!   Kommen Sie schnell!

Satzzeichen im Satz

 Aufzählungen

Bei **Aufzählungen** setzt man ein **Komma**. ABER: kein Komma vor *und / oder*.

Gleichartige Wörter (z. B. Nomen, Adjektive und Verben)

> Narzissen, Tulpen, Schlüsselblumen und Krokusse sind Frühlingsblumen.
> Das ist ein ehrlicher, freundlicher, hilfsbereiter und humorvoller Mensch.
> Wir lesen, schreiben, rechnen, turnen und zeichnen.
> Magst du lieber Nudeln, Reis oder Kartoffeln?

Gleichartige Wortgruppen

> Katzen miauen, Hunde bellen, Schafe blöken und Kühe muhen.
> Ich mag spannende Geschichten, lustige Witze, tolle Filme und schöne Bilder.

Und-Probe:

Wenn man ein *und* zwischen die Wörter setzen kann, ist es eine Aufzählung.

> eine moderne und sehr teure Uhr   ➜   eine moderne, sehr teure Uhr

Umstell-Probe:

Wenn man die Wörter oder Wortgruppen umstellen kann, ist es eine Aufzählung.

> eine moderne, sehr teure Uhr   ➜   eine sehr teure, moderne Uhr

 Zusammengesetzte Sätze

Zwischen Teilsätzen macht man ein **Komma**.

> Ich weiß nicht, warum er verspätet ist.
> Weißt du, ob er kommt?
> Er hat mir gesagt, dass ihm das Bild nicht gefällt.
> Sie liest das Buch, weil es sie interessiert.
> Ich würde dich gern besuchen, aber ich habe keine Zeit.
> Wer weiß, wann das Theater beginnt?
> Ich komme, sobald ich kann.

aber
damit
dass
ob
obwohl
seit
sobald
wann
warum
weil
wenn

Direkte Rede

Zusammenfassung

Direkte Rede: Wörtliche Rede und Begleitsatz

 Was jemand wörtlich sagt (die wörtliche Rede), schreibt man in Anführungszeichen.
Es gibt drei verschiedene Möglichkeiten:

1

Begleitsatz:	„Wörtliche Rede**.**" (! ?)
Armin sagt langsam:	„Ich habe Hunger."
Patricia ruft nervös:	„Pass auf!"
Nadja fragt schüchtern:	„Wer hilft mir?"

2

„Wörtliche Rede", (!?)	Begleitsatz**.**
„Ich gehe ins Kino",	sagt Domingo zu Rinaldo.
„Ich liebe Bücher!",	ruft Bettina.
„Wie lang bleibst du?",	fragt Christina.

3

„Wörtliche Rede",	Begleitsatz,	„wörtliche Rede**.**" (! ?)
„Wenn du mitfahren willst",	sagt der Vater,	„musst du dich beeilen."
„Das ist doch",	ärgert sich Oliver,	„eine totale Frechheit!"
„Meinst du nicht auch",	fragt die Mutter,	„dass das zu teuer ist?"

Tipp: Überlege immer zuerst, welches der Begleitsatz ist und wo er steht.
Dann ist es einfacher, die Anführungs- und Satzzeichen richtig zu setzen.

Carmen fragt: „Würden Sie mir das nochmals erklären?" Herr Tobler antwortet: „Selbstverständlich!"

Marlis Erni-Fähndrich: Satzzeichen und direkte Rede · 5./6. Klasse · Best.-Nr. 775 · © Brigg Pädagogik Verlag GmbH, Augsburg

1   Sprechen und Schreiben

Was der Spanier wohl sagt?

> Buenosdíasqueridosamigoshoyhacemosunpaseo.

Wenn wir eine Sprache nicht kennen, merken wir nicht,
wo ein Wort fertig ist und wo ein neues Wort beginnt.

Die Italienerin sagt dasselbe wie der Spanier, aber in ihrer Sprache.

> Buongiornocariamicioggifaciamounapasseggiata.

Wenn du *sprichst,*   machst du hin und wieder eine Pause,   um Luft zu holen.
Deine Klassenkameraden verstehen dich, weil sie die Wörter kennen.

Wenn du *schreibst,* machst du vor und nach jedem Wort einen kleinen Zwischenraum.
Zusätzlich setzt du an bestimmten Stellen Satzzeichen.
So kann man den Text leichter lesen.

Wenn ein Satz fertig ist, machst du einen Punkt. Nicht wahr?

> Aber klar doch!

Übung 1:   *Wo sind die Sätze fertig?*
Mache an den richtigen Stellen einen farbigen Punkt.

Ich bin David. Ich kenne viele Kinder.

Meine Freunde heißen Tobi und Kevin Britta und Sabrina sind meine
Schwestern Chris ist mein Bruder Maria wohnt nebenan Fatma kommt aus
der Türkei Luis ist Peruaner Antonio und Emilio kommen aus Italien Olivia
ist Portugiesin Anita und Sandra sind meine Cousinen

2 Wörter und Sätze

Mit Zwischenräumen kann man die Wörter viel besser lesen.

Das haben der Spanier und die Italienerin gesagt:

Spanisch:	Buenos	días	queridos	amigos	hoy	hacemos	un	paseo.
Italienisch:	Buon	giorno	cari	amici	oggi	faciamo	una	passeggiata.
Deutsch:	Guten	Tag	liebe	Freunde	heute	machen wir	einen	Spaziergang.

Der Punkt zeigt, wo ein Satz fertig ist.

David hat gesagt, wie seine Freunde und Bekannten heißen:

Meine Freunde heißen Tobi und Kevin. Britta und Sabrina sind meine Schwestern. Chris ist mein Bruder. Maria wohnt nebenan. Fatma kommt aus der Türkei. Luis ist Peruaner. Antonio und Emilio kommen aus Italien. Olivia ist Portugiesin. Anita und Sandra sind meine Cousinen.

Übung 2: *Wer ist was? Schreibe die Namen auf.*

• die Freunde von David: _____

• die Portugiesin: _____

• Davids Bruder: _____

• das Mädchen aus der Türkei: _____

• Davids Cousinen: _____

• der Peruaner: _____

• das Nachbarkind: _____

• die Italiener: _____

• die Schwestern von David: _____

   Marlis Erni-Fähndrich: Satzzeichen und direkte Rede · 5./6. Klasse · Best.-Nr. 775 · © Brigg Pädagogik Verlag GmbH, Augsburg

3 Sätze bauen

Aus Wörtern kannst du Sätze bauen. Du weißt:

Am Ende eines Satzes steht ein Punkt.

Übung 3.1: *Bilde aus den folgenden Wörtern drei Sätze und schreibe sie auf.*
Wörter, die du schon verwendet hast, kannst du durchstreichen.

| im Zoo | einen Elefanten | ~~Ich~~ | gesehen | haben | habe | ~~Wir~~ |

| schönes Wetter | war | mit der Klasse | ~~Es~~ | gemacht | einen Ausflug |

● Wir _____

Es _____

Ich _____

Hast du am Ende der Sätze einen Punkt gesetzt? Kontrolliere.

Übung 3.2: *Lies den folgenden Text durch. Male immer das erste Wort eines Satzes mit Farbe an. Du weißt: Ein neuer Satz beginnt nach dem Punkt.*

● Ein komisches Land

Im komischen Land haben die Menschen farbige Zähne. Sie putzen nämlich die Zähne mit der Schuhbürste. Auf die Schuhbürste streichen sie farbige Schuhcreme und putzen sich damit die Zähne.

Im komischen Land haben die Menschen nur weiße Schuhe. Sie putzen die Schuhe mit der Zahnbürste. Mit weißer Zahnpasta auf der Zahnbürste putzen sie die Schuhe.

Übung 3.3: *Schau den ersten Buchstaben der farbigen Wörter an. Was fällt dir auf? Schreibe das passende Wort auf:*

Das erste Wort eines Satzes hat einen _____ Anfangsbuchstaben.

4 Schlangensätze

Das hast du gelernt:

- **Das erste Wort eines Satzes hat einen großen Anfangsbuchstaben.**
- **Am Ende eines Satzes steht ein Punkt.**

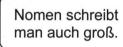

Nomen schreibt man auch groß.

Übung 4.1: *Das kannst du gleich üben:*
Mache dort einen Strich, wo die Wörter fertig sind.

im|komischenlandistallesandersdiestühlesind
höheralsdietischedieleutesitzenaufdemtisch
dietellerundgläserstehenaufdemstuhl

Übung 4.2: *Schreibe jetzt die Sätze richtig ab.*

_____

_____

_____

Übung 4.3: *Mache auch im folgenden Schlangensatz Striche und*
schreibe ihn auf.

... und das Katzentürchen?

IM|KOMISCHENLANDSINDDIEFENSTERUNDTÜREN
AUSHOLZDIEMAUERNUNDDASDACHSINDAUSGLAS
DERBALKONISTIMWOHNZIMMERESISTEBENALLES
ANDERSIMKOMISCHENLAND

_____

_____

_____

_____

  Marlis Erni-Fähndrich: Satzzeichen und direkte Rede · 5./6. Klasse · Best.-Nr. 775 · © Brigg Pädagogik Verlag GmbH, Augsburg

5 Pech gehabt

Jan hat eine kurze Geschichte geschrieben. Aus Versehen hat er das Blatt zerrissen. Aber es ist noch im Papierkorb. Er setzt die Zettel zusammen. Du darfst ihm helfen.

Übung 5.1: *Nummeriere die Zettel in der richtigen Reihenfolge.*

Übung 5.2: *Schreibe jetzt die Geschichte ab.*

_____

_____

_____

_____

_____

_____

6   Antworten und Fragen

- -

Die Leute im komischen Land geben zuerst die Antwort und erst dann fragen sie.
Das kannst du ausprobieren:

Übung 6:   *Ein Kind hat verschiedene Antworten gegeben. Welche Fragen musst du*
ihm stellen? Schreibe die Fragen auf die richtige Linie.

Fragen:

Wann hast du Geburtstag?	In welche Klasse gehst du?
Wie alt bist du?	
Wie heißt du?	Hast du Geschwister?
~~Wo wohnst du?~~	
Hast du Haustiere?	Gehst du gern in die Schule?
Machst du Sport?	

Das Kind antwortet: **Du fragst:**

im komischen Land   Wo wohnst du**?**

am 12. April   _____

10 Jahre   _____

Rola Komila   _____

ja, schwimmen und reiten   _____

ja, einen Bruder und eine Schwester   _____

in die vierte Klasse   _____

eigentlich schon, wir lernen viel   _____

ja, zwei Hamster   _____

Hast du bei deinen Fragen ein Fragezeichen gemacht? Kontrolliere.

7 Warum? Warum? Warum?

Du kennst viele Wörter, mit denen du Fragen stellen kannst.

Übung 7: *Schreibe das richtige Fragewort auf. Am Schluss der Frage machst du ein Fragezeichen. Verwende jedes Fragewort nur ein einziges Mal.*

Warum   Wo   Wer   ~~Wann~~   Wohin   Was   Welches   Wie viel   Wie

Wann   kommst du nach Hause ☐ **?**

_____   gehst du ☐

_____   hat den Kuchen gegessen ☐

_____   ist in der Schachtel ☐

_____   weinst du ☐

_____   ergibt 7 + 7 ☐

_____   groß bist du ☐

_____   hast du die schöne Jacke gekauft ☐

_____   Buch meinst du ☐

Es ist ganz einfach: Wenn am Schluss des Satzes ein **?** steht, ist es eine Frage.

8 Ja oder Nein

Viele Fragen kann man einfach mit JA oder NEIN beantworten.

Übung 8: *Unterstreiche die Fragen, die man mit JA oder NEIN beantworten kann.*
Die anderen Fragen streichst du durch.

<u>Kommst du mit auf den Spielplatz?</u>   (Unterstreichen: Man kann mit JA oder NEIN antworten.)

~~Wo ist mein Fußball?~~   (Durchstreichen: Man kann diese Frage nicht mit JA oder NEIN beantworten.)

Isst du gern Schokolade?

Wer hilft mir beim Aufräumen?

Hast du den Zauberer gesehen?

Wann beginnt das Fest?

Haben wir heute Turnen?

Auf wen wartest du?

Was machst du in den Ferien?

Darf ich dein Fahrrad benutzen?

Soll ich dir einen Witz erzählen?

Hast du die Hausaufgaben gemacht?

Wo bist du gewesen?

Wie heißt du?

Hast du gut geschlafen?

Warum hast du mir nichts gesagt?

Wo wohnt dein Freund?

 Marlis Erni-Fähndrich: Satzzeichen und direkte Rede · 5./6. Klasse · Best.-Nr. 775 · © Brigg Pädagogik Verlag GmbH, Augsburg

9   Richtig fragen

Wenn du wissen willst, warum es nachts dunkel ist, dann fragst du:
Warum ist es nachts dunkel?

Übung 9:   *Schreibe die Fragen richtig auf. Vergiss das Fragezeichen nicht.*

Ich will wissen, warum es nachts dunkel ist.

Ich frage: **Warum ist es nachts dunkel?**

Den ersten Buchstaben einer
Frage schreibt man groß.

1   Ich will wissen, warum es Gewitter gibt.

Ich frage: _____

2   Ich will wissen, warum es im Winter schneit.

Ich frage: _____

3   Ich will wissen, ob ich ins Schwimmbad gehen darf.

Ich frage: Darf _____

4   Ich will wissen, wann wir in den Urlaub fahren.

Ich frage: _____

5   Ich will wissen, ob es Marsmännchen gibt.

Ich frage: _____

6   Ich will wissen, wie weit es zum Mond ist.

Ich frage: _____

10 Das möchte ich wissen

Wenn du gute Fragen stellst, erfährst du viel Interessantes.

Übung 10.1: *Was möchtest du wissen? Schreibe zuerst fünf Fragen auf.*

(1) Frage: _____

Antwort: _____

_____

(2) Frage: _____

Antwort: _____

_____

(3) Frage: _____

Antwort: _____

_____

(4) Frage: _____

Antwort: _____

_____

(5) Frage: _____

Antwort: _____

_____

Übung 10.2: *Lest einander die Fragen so vor, dass man merkt, dass es eine Frage ist. Diskutiert über eure Fragen. Vielleicht weiß jemand eine Antwort. Dann schreibst du sie am besten unter deine Frage.*

Du kannst deine Fragen auch Erwachsenen stellen. Vielleicht wissen sie eine Antwort.

 Marlis Erni-Fähndrich: Satzzeichen und direkte Rede · 5./6. Klasse · Best.-Nr. 775 · © Brigg Pädagogik Verlag GmbH, Augsburg

11 Juhu!

Wenn du einem Klassenkameraden etwas zurufst, sprichst du anders, als wenn du ihn etwas fragst oder ihm etwas erzählst.

Beim Schreiben machst du ein Ausrufezeichen, wenn du zeigen willst, dass es ein Ausruf ist.

Übung 11: *Lies die folgenden Sätze durch. Wenn es ein Ausruf sein könnte, machst du ein Ausrufezeichen, sonst machst du einen Punkt.*

Komm sofort

Lüg nicht

Ich werde dich morgen anrufen

Juhu

Ich habe eine schöne Zeichnung gemacht

Leider kann ich nicht kommen

Hilfe

Mach schnell

Steh auf

Auf keinen Fall

Hau ab

Seit zwei Tagen regnet es

Morgen ist Vollmond

Ich gehe spazieren

Pass auf

Es brennt

Zwei und zwei sind vier

Raus hier

12 Hier befehle ich!

Übung 12.1: *Du darfst jetzt einem anderen Kind etwas befehlen.*
Schreibe die Wörter so auf, dass sie Befehle ergeben.

weggehen   →   Geh weg**!**

schnell kommen   →   K_____

zuhören   →   _____

aufpassen   →   _____

still sein   →   _____

loslassen   →   _____

aufhören   →   _____

aussteigen   →   _____

aufschreiben   →   _____

Übung 12.2: *Jetzt machst du es umgekehrt: Schreibe die Grundform auf.*

Wasch dich!   →   sich waschen

Wach auf!   →   aufw_____

Warte!   →   _____

Sprich laut!   →   _____

Setz dich!   →   _____

Lies vor!   →   _____

Trink aus!   →   _____

Schweig!   →   _____

Iss!   →   _____

Marlis Erni-Fähndrich: Satzzeichen und direkte Rede · 5./6. Klasse · Best.-Nr. 775 · © Brigg Pädagogik Verlag GmbH, Augsburg

13 Furchtbar kompliziert!

Im komischen Land machen die Leute komplizierte Sätze. Sie sagen zum Beispiel:

„Sei doch vielleicht bitte so freundlich und schließ das Fenster!"
Das passt doch nicht zusammen und klingt kompliziert, oder?

Bei uns sagt man: Schließ bitte das Fenster!
Oder: Fenster zu! Oder: Schließ das Fenster!

Übung 13: *Versuche, die Sätze aus dem komischen Land möglichst kurz zu machen und schreibe sie auf.*

● Ich bitte euch höflich, vielleicht doch endlich mal still zu sein! → Seid endlich still!

Es wäre sehr angenehm, wenn du doch bitte endlich aufhören würdest! → _____

Ich fände es besser, wenn du die Kerze sofort auslöschen würdest! → _____
_____

Wenn du doch vielleicht so gut sein könntest und den Tisch abräumen würdest! → _____
_____

● Du solltest doch, wenn möglich, bitte sofort den Arzt anrufen! → _____

Es wäre besser, wenn du vielleicht mit deinem ewigen Gejammer aufhören würdest! → _____
_____

Du solltest jetzt doch endlich deine Hausaufgaben machen! → _____
_____

14 Schööön!

Stell dir vor, du siehst gerade ein wunderschönes Feuerwerk.

Dann sagst du nicht: „Ich finde dieses Feuerwerk wunderschön."
Du rufst: „Schööön!" oder „Aaah!" oder „Oooh!" oder „Wow!"

Wenn der Kasperle im Kindertheater gefragt hat:
„Seid ihr alle da?", hast du gerufen: „Jaaa!"

Es gibt viele Situationen, in denen man etwas ruft. Wenn man sich zum Beispiel
freut oder wenn man wütend ist, sagt man meist keine ganzen Sätze. Mit dem
Ausrufezeichen zeigst du, dass du etwas besonders betonen willst.

Übung 14:   *Wie sagst du die folgenden Sätze? Schreibe sie als Ausrufe auf.*

Du findest es schade, dass du ein
schönes Glas zerbrochen hast.   ➔   Schade!

Du grüßt jemanden am Morgen.   ➔   Guten Morgen!

Du wünschst jemandem eine gute Reise.   ➔   _____

Du entschuldigst dich bei jemandem.   ➔   _____

Du freust dich über das feine Essen.   ➔   _____

Du dankst für ein tolles Geschenk.   ➔   _____

Du wünschst jemandem schöne Ferien.   ➔   _____

Du findest etwas einen Blödsinn.   ➔   _____

Dein Fußballclub hat ein Tor geschossen.   ➔   _____

     Marlis Erni-Fähndrich: Satzzeichen und direkte Rede · 5./6. Klasse · Best.-Nr. 775 · © Brigg Pädagogik Verlag GmbH, Augsburg

15 Soll das ein Witz sein?

. ? !

Übung 15: *Was passt am besten? Setze am Satzende das passende Zeichen ein.*

☺ „Du Papa ___ Deine neue Uhr ist wasserdicht ___"
„Warum ___"
„Ich habe sie gestern mit Wasser gefüllt und das Wasser ist drin geblieben ___"

☺ „Woher hast du die Beule am Kopf ___"
„Siehst du die Glastüre dort ___"
„Ja ___"
„Aber ich habe sie nicht gesehen ___"

☺ „Was machst du ___"
„Haare waschen ___"
„Aber deine Haare sind ja trocken ___"
„Ja, weißt du, auf dem Shampoo steht: Für trockenes Haar ___"

☺ Die Lehrerin sagt zu Dani: „Schäm dich ___ Man steckt doch den Zeigefinger nicht in die Nase ___"
Dani: „Nicht ___ Welchen Finger soll ich dann nehmen ___"

☺ Die Mutter: „Deine Lehrerin hat über dich geklagt ___"
Lisa: „Unmöglich ___ Ich war heute gar nicht in der Schule ___"

☺ Der Lehrer fragt: „Alex, wann spüren wir die Natur am besten ___"
„Wenn wir uns in einen Ameisenhaufen setzen ___"

☺ Der Sohn schickt seinem Vater eine SMS: „Wo bleibt das Geld ___"
Der Vater antwortet: „Hier ___"

☺ Manuela fragt den Lehrer: „Kann ich bestraft werden, wenn ich nichts gemacht habe ___"
Lehrer: „Natürlich nicht ___"
Gabi: „Super ___ Ich habe die Hausaufgaben nicht gemacht ___"

Marlis Erni-Fähndrich: Satzzeichen und direkte Rede · 5./6. Klasse · Best.-Nr. 775 · © Brigg Pädagogik Verlag GmbH, Augsburg

16 Das glaube ich nicht!

Übung 16: *Setze die Satzzeichen ein. Manchmal gibt es mehr als eine Möglichkeit.*

> Nach einem Titel macht man keinen Punkt!

Im komischen Land

Bei den Schuhen sind die Absätze vorne ___ Die Leute laufen

deshalb ganz komisch ___ Willst du das nicht ausprobieren ___

Bei den Autos sind die Räder viereckig ___ Wie die wohl

vorwärts kommen ___

Da ___ Was ist das ___ Himmelblaue Schneeflocken ___

Und sie sind ganz warm ___ Warmer blauer Schnee ___

Die Spaghetti wachsen an den Bäumen ___

Die Leute mahlen Tannennadeln und backen daraus Brot ___

Wie das wohl schmeckt ___

Äpfel und Birnen wachsen in Blumentöpfen ___

Sie essen aus Gläsern und trinken aus

Tellern___ Im Restaurant bestellen sie ein

Glas Spaghetti und einen Teller Limonade ___

Die Kinder befehlen ___ Die Eltern müssen ihnen gehorchen ___

Es wird nur das gekocht, was die Kinder gern mögen ___

Marlis Erni-Fähndrich: Satzzeichen und direkte Rede · 5./6. Klasse · Best.-Nr. 775 · © Brigg Pädagogik Verlag GmbH, Augsburg

17 Die komische Schule

Übung 17: *Setze die Satzzeichen ein.*

Ein Kind aus dem komischen Land hat dir einen Brief geschrieben ___ Es erzählt über seine Schule ___

Unsere Schule ist lässig ___ Wir erhalten für jede Schulstunde Geld ___ Ist das bei euch auch so ___

Wir dürfen lernen, was wir wollen ___ Und das Schönste: keine Hausaufgaben ___

Ich mag Sprachunterricht am liebsten ___ Und du ___ Nächstes Jahr lerne ich Eusisch ___ Das ist die Sprache unseres Nachbarlandes ___ Ich freue mich riesig ___ So lässig ___

Dürft ihr eure Haustiere auch mit in die Schule nehmen ___ Wir müssen die Tiere nur zu Hause lassen, wenn wir Turnen haben ___

In jeder Klasse gibt es einen Helfer ___ Er spitzt unsere Bleistifte und räumt unsere Tische auf, wenn die Schule fertig ist ___ Und er füttert die Tiere und geht mit ihnen spazieren ___

Vor jeder Schulstunde erzählt uns die Lehrerin einen Witz ___ Leider vergesse ich die Witze so schnell ___ Aber den von gestern weiß ich noch ___

Auf einem Schulausflug ist Jan in den See gefallen und ist fast ertrunken ___ Die Lehrerin fragt ihn: „Wie kann denn das passieren ___ Du bist doch ein guter Schwimmer ___" Jan antwortet: „Ja, aber auf der Tafel steht doch: Schwimmen verboten ___"

Wie oft macht ihr Schulausflüge ___ Bei uns gibt es leider nur einen einzigen Schulausflug im Monat ___ Findest du nicht auch, dass das zu wenig ist ___ Ein Schulausflug pro Woche wäre doch herrlich ___

Erzählst du mir auch von deiner Schule ___ Ich würde mich über einen Brief von dir freuen.

Bis bald   *Corina*

Marlis Erni-Fähndrich: Satzzeichen und direkte Rede · 5./6. Klasse · Best.-Nr. 775 · © Brigg Pädagogik Verlag GmbH, Augsburg

18 Meine Schule

Du hast gelesen, wie die Schule im komischen Land ist. Jetzt kannst du über deine eigene Schule erzählen.

Beantworte auch die Fragen, die dir Corina gestellt hat. Du darfst ihr auch Fragen stellen. Corina aus dem komischen Land würde sich sicher freuen, wenn du dein Klassenzimmer zeichnen würdest.

Übung 18: *Schreibe einen abwechslungsreichen Brief über deine Schule.*

_____

_____

_____

_____   ┌─────────────────────────┐
                                       │   **Meine Schule**   │
_____   │   │
                                       │   │
_____   │   │
                                       │   │
_____   │   │
                                       │   │
_____   │   │
                                       │   │
_____   │   │
                                       └─────────────────────────┘
_____

_____

_____

_____

_____

   Marlis Erni-Fähndrich: Satzzeichen und direkte Rede · 5./6. Klasse · Best.-Nr. 775 · © Brigg Pädagogik Verlag GmbH, Augsburg

19 Gelogen oder nicht gelogen?

Schreibe die Texte in der richtigen Reihenfolge auf und setze die Satzzeichen.

Übung 19.1

Ich kann 20 Meter weit springen

Du lügst

Nein, ich lüge nicht: Ich springe in 20 Schritten 20 Meter weit

Ich _____

_____

_____

_____

Übung 19.2

Das glaube ich dir nicht

Es stimmt aber

Ich habe ein Buch geschrieben

Ich _____

_____

_____

20 Ein Komma geht spazieren

Ein junges Komma geht gern und oft spazieren. Wenn es müde ist, setzt es sich einfach. Das ist aber manchmal gefährlich.

Immer wieder bekommt das Komma eine Strafe, weil es sich an Orten hinsetzt, an denen es verboten ist. Es muss dann einen Tag lang zu Hause bleiben. Dann ist es traurig.

Darum geht das Komma jetzt in die Komma-Schule und lernt, wo es sich hinsetzen darf und wo nicht. Du kannst ihm dabei helfen.

Am ersten Tag lernt es ein paar ganz einfache Beispiele:

Hunde, Katzen, Schafe, Kaninchen **und** Hühner sind Haustiere.

Löwen, Geparde, Elefanten, Pinguine, Tiger **und** Eisbären sind wilde Tiere.

Übung 20: *Setze die Kommas ein.*

Rehe Hasen Füchse Dachse Eichhörnchen **und** Waldkäuzchen sind Waldtiere.

Birken Buchen Eichen Lärchen Fichten **und** Weißtannen sind Waldbäume.

Brombeeren Heidelbeeren Stachelbeeren **und** Himbeeren sind Waldbeeren.

 Marlis Erni-Fähndrich: Satzzeichen und direkte Rede · 5./6. Klasse · Best.-Nr. 775 · © Brigg Pädagogik Verlag GmbH, Augsburg

21 Das Komma setzt sich zwischen Nomen

Schon am ersten Tag hat das Komma etwas Wichtiges gelernt:

Ich darf mich zwischen mehrere Nomen setzen.
Aber vor einem *und* habe ich keinen Platz.

Beispiel:
Kühe**,** Rinder**,** Kälber**,** Ziegen **und** Hühner sind Bauernhoftiere.

Langsam mag sich das Komma nicht mehr zwischen all die Tiere setzen. Es sucht sich andere Sitzgelegenheiten.

Übung 21: *Komma oder nicht? Setze das Komma ein, wo es nötig ist.*

Tennis Fußball Eiskunstlauf Langlauf und Eishockey sind Sportarten.

Italien Frankreich Österreich Deutschland Spanien und
Portugal sind europäische Länder.

Maurer Maler Dachdecker und Elektrikerinnen
arbeiten auf dem Bau.

Öl und Essig braucht man für die Salatsoße.

Schirme und Regenmäntel schützen vor Regen.

Mit Auto Schiff Flugzeug Bus und Eisenbahn
kann man reisen.

Mützen Hüte Kapuzen und Kopftücher sind Kopfbedeckungen.

Ich kann Dreiecke Vierecke Kreise und Würfel zeichnen.

Meine Freunde heißen Jan Tobias Dennis und Mario.

Marlis Erni-Fähndrich: Satzzeichen und direkte Rede · 5./6. Klasse · Best.-Nr. 775 · © Brigg Pädagogik Verlag GmbH, Augsburg

22 und und und …

Das Komma hat wieder einmal Dummheiten begangen und muss deshalb zu Hause bleiben.

Aber du weißt ja, dass du Nomen auch mit **und** verbinden kannst.

Das kannst du gleich ausprobieren.

Übung 22: *Bilde Sätze aus den folgenden Wörtern. Verbinde die Nomen mit **und**. Am Schluss des Satzes machst du einen Punkt.*

Ein Beispiel:

Kugelschreiber	Bleistifte	zum Schreiben	Ich brauche	Farbstifte

Ich brauche Kugelschreiber **und** Bleistifte **und** Farbstifte zum Schreiben.

sind	Wasser	Limonade	Milch	Getränke

W_____

Messer	Löffel	Ich esse mit	Gabel

_____

sind Reimwörter	Haus	Laus	Maus	Klaus

_____

Freude	Angst	sind Gefühle	Hoffnung	Glück

_____

Marlis Erni-Fähndrich: Satzzeichen und direkte Rede · 5./6. Klasse · Best.-Nr. 775 · © Brigg Pädagogik Verlag GmbH, Augsburg

23 und oder Komma

Heute geht das Komma wieder in die Komma-Schule.
Es hat einen Freund mitgebracht; er heißt **oder**.

Das Komma weiß, dass es sich zwischen Nomen setzen darf, außer es steht ein **und** oder ein **oder** dort.

Übung 23: *Was passt zwischen die Nomen?*
*Lies die Sätze durch und überlege, ob **und**, **oder** oder ein **Komma** am besten passt. Ergänze dann die Sätze.*

Möchtest du lieber Konfitüre _____ Honig?

Bitte bring den Brief _____ das Paket zur Post.

Amseln _____ Schwalben _____ Finken _____ Meisen
sind Singvögel.

Ananas _____ Mango _____ Kiwi _____ Bananen
sind Südfrüchte.

Der Nikolaus bringt Äpfel _____ Nüsse _____ Mandarinen
_____ Lebkuchen.

Soll ich Blockflöte _____ Klavier _____ Geige _____
Gitarre lernen?

Zum Dessert kannst du Kirschtorte _____ Vanillepudding _____ Schokoladen-
keks _____ Himbeereis _____ Erdbeeren mit Schlagsahne wählen.

Zum Basteln braucht ihr einen großen Karton _____ einen Bleistift _____
verschiedene Farbstifte _____ eine Schere _____ Kleber.

Der Mann ist komisch angezogen: Er trägt ein violettes
Hemd _____ grasgrüne Socken _____ eine
dunkelblaue Hose _____ einen roten Hut _____
weiße Schuhe _____ eine hellgelbe Jacke.

24 Komma zwischen Verben und Adjektiven

Das Komma freut sich, dass es zwischen so vielen Nomen sitzen darf. Aber mit der Zeit findet es die Nomen langweilig. Es kennt andere Wortarten, zum Beispiel Verben und Adjektive. Deshalb probiert es aus, ob es sich auch zwischen diese setzen darf.

Du kannst ihm dabei helfen.

Übung 24.1: *Wo darf ein Komma hinein? Setze die Kommas ein.*

Schneien regnen winden stürmen blitzen und donnern sind Wetterverben.

Ich kenne hilfsbereite freundliche und lustige Menschen.

Putz endlich diese kleine runde schmutzige Fensterscheibe!

In der Pause rennen hüpfen springen und spielen die Kinder.

Wollen wir fernsehen ein Buch lesen basteln draußen spielen oder zu Martina nach Hause gehen?

Meine Mutter bügelt die Wäsche wäscht das Geschirr ab putzt die Wohnung kocht das Essen geht einkaufen und hilft uns bei Hausaufgaben.

In diesem Märchen kommen eine schöne junge Prinzessin ein guter reicher König eine böse hässliche alte Hexe und ein schneeweißes Pferd vor.

Das Komma hat plötzlich eine Idee:

Immer, wenn gleichartige Wörter oder Wortgruppen aufgezählt werden, darf ich mich dazwischen setzen; aber vor **und / oder** habe ich keinen Platz.

Übung 24.2: *Was meinst du? Stimmt diese Idee? Kreuze an:*

☐ JA   ☐ NEIN

Kontrolliere deine Lösungen.

 Marlis Erni-Fähndrich: Satzzeichen und direkte Rede · 5./6. Klasse · Best.-Nr. 775 · © Brigg Pädagogik Verlag GmbH, Augsburg

25 Komma bei Aufzählungen

Nun möchte das Komma genauer wissen, was eine **Aufzählung** ist.

Der Lehrer schreibt zwei Beispiele an die Tafel:

Möchtest du	knackige Äpfel	**,**	reife Bananen	**,**	frische Ananas	**oder**	gelbe Birnen?
	Teil 1		Teil 2		Teil 3		Teil 4

Der Bauer	erntet Getreide	**,**	melkt die Kühe	**,**	mäht die Wiese	**und**	sät Weizen.
	Teil 1		Teil 2		Teil 3		Teil 4

Jetzt hat das Komma verstanden:

Teile einer Aufzählung können einzelne Wörter sein.

Es können aber auch mehrere Wörter sein,
wie die Beispiele oben zeigen.

Das möchte das Komma selbst ausprobieren.

Frühling, Sommer,
Herbst und Winter

Übung 25: *Bilde aus den Wörtern und Wortgruppen Aufzählungen und setze am passenden Ort ein:* **,** */* **und** */* **oder**.

Es ist regnerisches graues windiges trübes Wetter	Es ist _____ _____ _____

Willst du Ball spielen fernsehen baden gehen ein Buch lesen malen	_____ _____ _____

Hast du am Ende des Satzes auch das richtige Satzzeichen gesetzt?

Marlis Erni-Fähndrich: Satzzeichen und direkte Rede · 5./6. Klasse · Best.-Nr. 775 · © Brigg Pädagogik Verlag GmbH, Augsburg

26 Komma bei Aufzählungen

Solche Übungen gefallen dem Komma, und es will noch mehr lösen.
So wird es immer sicherer und weiß, wo es sich hinsetzen darf.

Übung 26.1: *Bilde Aufzählungen.*
Am Ende des Satzes machst du das passende Satzzeichen:

, / und / oder

Anja	Zeichenpapier	_____
Farbstifte	wünscht sich	_____
Wasserfarben	eine Schere	_____
		_____

Mineralwasser	kalten Tee	_____
Kaffee	Möchten Sie	_____
frischen Orangensaft		_____
Limonade		_____

Jetzt möchte das Komma eigene Aufzählungen aufschreiben.

Übung 26.2: *Schreibe selbst zwei Beispiele auf.*

1.

2.

Marlis Erni-Fähndrich: Satzzeichen und direkte Rede · 5./6. Klasse · Best.-Nr. 775 · © Brigg Pädagogik Verlag GmbH, Augsburg

27 Komma bei Aufzählungen

Das Komma hat schon viel gelernt, aber manchmal ist es sich nicht sicher. Du kannst ihm helfen, die folgenden Sätze zu korrigieren. Nicht alle Sätze enthalten Fehler.

Übung 27:
- *Falsche* Kommas streichst du mit roter Farbe durch.
- *Fehlende* Kommas setzt du ein und umrahmst sie.
- *Richtige* Kommas kannst du farbig anmalen.

◊ Ich fotografiere am liebsten ⚡Berge **,** Seen **,** Flüsse ⚡und wilde ⚡Bäche.

→ In diesem Satz sind drei falsche und zwei richtige Kommas.

◊ Ich mag Pizza mit Tomaten **,** Käse **,** Oliven **,** Peperoni und Salami.

→ Hier fehlte ein Komma; zwei Kommas sind richtig. Kein Komma ist falsch.

Jetzt bist du dran:

1. Es gibt viele Arten von Wasser: Regenwasser **,** Trinkwasser **,** Zuckerwasser **,** Salzwasser   Mineralwasser **,** und Leitungswasser.

2. Als Hausaufgaben **,** müssen wir fünf Rechnungen lösen **,** ein kurzes Gedicht abschreiben und eine Zeichnung fertig machen.

3. Der Kellner zählt das heutige Menü auf:
   Frischer Spargel als Vorspeise **,**
   Bratkartoffeln **,** Geschnetzeltes an Rahmsauce **,**
   Blumenkohl und Karotten als Hauptmenü und
   Schokoladencreme zum Dessert.

4. Auf der Hochzeit waren **,** die Eltern Brüder Schwestern Onkel Tanten Cousinen und Cousins des Brautpaares.

5. Die drei Monate des Winters sind Dezember **,** Januar und Februar.
   Die Frühlingsmonate sind März April und Mai.
   Juni **,** Juli **,** und August sind die Sommermonate.
   Der Herbst umfasst die Monate **,** September **,** Oktober und November.

28 Sehr schön! Eisig kalt!

Übung 28.1: *Lies die folgenden Sätze durch.*

Das Wetter war **sehr schön**.

Dieses Bild hast du **außerordentlich sorgfältig** gemalt.

Die Frisur steht dir **ausgesprochen gut**.

Deine Jacke ist **total modern**.

Sind in den vier Sätzen Kommafehler? ☐ JA ☐ NEIN

Und-Probe:

Wenn du ein *und* zwischen die Wörter setzen kannst, ist es eine Aufzählung.

Das Wetter war sehr ~~und~~ schön. ➔ Das geht nicht, also: **keine Aufzählung**.

ABER:

Das Wetter war sehr schön **und** herrlich warm. ➔ Das geht, also: **Aufzählung**.

Übung 28.2: *Kreuze bei jedem Satz an, ob es eine Aufzählung ist oder nicht.*
Denke an die Und-Probe.
Wenn es eine Aufzählung ist, setzt du ein Komma.

	Aufzählung	keine Aufzählung
ein furchtbar langweiliger Film	☐	☐
ein schrecklich neugieriger Mensch	☐	☐
ein kleines gemütliches Zimmer	☐	☐
ein hübsches kleines Geschenk	☐	☐
eine bunt bemalte Blumenvase	☐	☐
ein großer prächtiger Blumenstrauß	☐	☐
glasklares frisches Wasser	☐	☐
ein frisch gespitzter Bleistift	☐	☐

 Marlis Erni-Fähndrich: Satzzeichen und direkte Rede · 5./6. Klasse · Best.-Nr. 775 · © Brigg Pädagogik Verlag GmbH, Augsburg

29 große, alte Tannen / alte, große Tannen

---

*Du hast die **Und**-Probe kennengelernt.*

*Du kannst auch die **Umstell-Probe** ausprobieren.*

Umstell-Probe:

Wenn du die Wörter umstellen kannst, ohne dass sich der Sinn verändert, dann ist es eine Aufzählung.

<u>schönes</u>, <u>warmes</u> Wetter / <u>warmes</u>, <u>schönes</u> Wetter → Aufzählung

<u>frisch</u> <u>gestrichene</u> Wände → keine Aufzählung: man kann die Wörter nicht umstellen

Übung 29: *Stelle die Wörter um, wenn es möglich ist. Sonst machst du einen Strich.*

eine saftige, gelbe Birne _____

lange, schwarze Haare _____

eine frisch gemähte Wiese _____

eine lustige, kleine Katze _____

ein schnell zubereitetes Essen _____

ein schwer verständlicher Text _____

eine handgestrickte, blaue Mütze _____

eine schwierig zu lösende Aufgabe _____

farbig bemalte Ostereier _____

frisch gewaschene Hosen _____

kleine, spitze Kieselsteine _____

eine sehr teure Uhr _____

hässliche, kleine Zwerge _____

Marlis Erni-Fähndrich: Satzzeichen und direkte Rede · 5./6. Klasse · Best.-Nr. 775 · © Brigg Pädagogik Verlag GmbH, Augsburg

30 Sag es anders!

Jetzt weißt du schon gut, was Aufzählungen sind.

Übung 30: *Schreibe die folgenden Sätze als Aufzählungen.*
Vergiss das Komma nicht.

Das Wetter ist regnerisch und kalt.	regnerisches, kaltes Wetter
Der Balkon ist groß und sonnig.	der
Das Bild ist schön und farbig.	das
Die Schachtel ist klein und leer.	
Der Zettel ist feucht und schmutzig.	
Das Bachbett ist eng und ausgetrocknet.	
Die Kinder sind lustig und fröhlich.	
Die Pappeln sind alt und krank.	
Die Kerze ist schmal und rot.	
Der Wanderweg ist steil und steinig.	

 Marlis Erni-Fähndrich: Satzzeichen und direkte Rede · 5./6. Klasse · Best.-Nr. 775 · © Brigg Pädagogik Verlag GmbH, Augsburg

31 Vermisst: Komma!

Übung 31.1:   *In der folgenden Geschichte fehlen die Kommas.*
Setze sie ein.

Fabian Gelzer ist ein sehr netter freundlicher und hübscher Mann.
Er hat dichtes schwarzes Haar. Er trägt einen dunkelblauen Anzug
eine schmale gemusterte Krawatte und schwarze glänzende spitze
Schuhe. Er sieht wirklich gut aus.
Er ist immer heiter zufrieden und liebenswürdig. Als Verkäufer
ist er den Kunden gegenüber höflich humorvoll geduldig und
hilfsbereit.

Vor ein paar Tagen kam ein kleiner dicker komisch angezogener
Mann in unser Geschäft. Fabian Gelzer ging freundlich auf den
seltsamen Kauz zu und fragte: „Was kann ich für Sie tun?"
Der Mann sagte: „Mit Ihnen spreche ich nicht! Ich will mit dem
Chef sprechen."
Gelzer antwortete: „Der Chef ist auswärts auf einem Seminar.
Kann ich ihm etwas ausrichten?"
Der Mann schrie: „Sie lügen! Ihr Chef ist nicht auf einem Seminar.
Das weiß ich sehr genau!"
Der sonst so ruhige höfliche und zuvorkommende Fabian Gelzer wurde
nervös. Anständig antwortete er: „Kommen Sie morgen wieder. Dann ist
der Chef hier."

Am nächsten Morgen musste Fabian Gelzer zum Chef ins Büro.
Nach einer Weile kam er strahlend wieder heraus und erzählte seinen
Kolleginnen und Kollegen: „Der komische Kauz von gestern war unser
Chef! Er hatte sich absichtlich verkleidet und wollte uns testen! –
Zum Glück war ich höflich anständig und zuvorkommend."

Übung 31.2:   *Male im obigen Text alle **und** farbig an.*

32 aber / weil / dass ...

Übung 32.1:   *Lies die Sätze durch.*
Male die Kommas und das folgende Wort farbig an.

Er weiß**, dass** er um fünf Uhr zu Hause sein muss.

Sie möchte ins Kino gehen**,** aber sie hat kein Geld.

Aus der Radtour wird nichts**,** weil es in Strömen regnet.

Du bekommst eine Belohnung**,** wenn du mir hilfst.

Ich kaufe mir die Schuhe**,** obwohl sie teuer sind.

Sie möchte wissen**,** wann die Sommerferien beginnen.

Ich verstehe nicht**,** warum du so spät kommst.

Sprich lauter**,** damit dich alle verstehen!

Übung 32.2:   *Mache aus den zwei Sätzen einen einzigen Satz.*

Wir gehen nicht ins Schwimmbad. Es ist zu kalt.   ***weil***

   Wir gehen nicht ins Schwimmbad**, weil** es zu kalt ist.

Ich habe Petra eingeladen. Sie kann nicht kommen.   ***aber***

   Ich _____

Du darfst die Straße nicht überqueren. Die Ampel steht auf Rot.   ***wenn***

_____

_____

Ich gehe in die Schule. Ich bin erkältet.   ***obwohl***

_____

Er hat mir Geld gegeben. Ich kann mir selbst etwas kaufen.   ***damit***

_____

_____

    Marlis Erni-Fähndrich: Satzzeichen und direkte Rede · 5./6. Klasse · Best.-Nr. 775 · © Brigg Pädagogik Verlag GmbH, Augsburg

33 Dasselbe, aber anders

Die Straße war vereist. Wir mussten langsam fahren.

Diese zwei Sätze kann man auf verschiedene Weisen zusammensetzen:

1. Weil die Straße vereist war , mussten wir langsam fahren.

2. Wir mussten langsam fahren , weil die Straße vereist war.

In beiden Fällen schreibt man ein Komma zwischen die Teilsätze.

Übung 33:   *Setze die Kommas ein.*

Er kam zu spät weil ihm der Bus vor der Nase weggefahren war.

Weil ihm der Bus vor der Nase weggefahren war kam er zu spät.

Wenn die Sonne scheint spielen wir draußen.

Wir spielen draußen wenn die Sonne scheint.

Ich weiß nicht ob er mitkommt.

Ob er mitkommt weiß ich nicht.

Es ist klar dass sie gelogen hat.

Dass sie gelogen hat ist klar.

Sobald er hier ist können wir mit dem Kartenspiel beginnen.

Wir können mit dem Kartenspiel beginnen sobald er hier ist.

Seit Tomi mit uns spielt ist es viel lustiger.

Es ist viel lustiger seit Tomi mit uns spielt.

Obwohl es kalt war gingen wir Schlittenfahren.

Wir gingen Schlittenfahren obwohl es kalt war.

Wenn es nötig ist helfe ich dir bei den Hausaufgaben.

Ich helfe dir bei den Hausaufgaben wenn es nötig ist.

34 Komma dass

Vor *dass* steht (fast) immer ein Komma.
Wenn du daran denkst, machst du weniger Kommafehler.

> Ich weiß**, dass** vor *dass* ein Komma steht.

Übung 34:   *Schreibe die Sätze als dass-Sätze.*

• Es geht ihr besser. Ich bin froh.   →   Ich bin froh, **dass** es ihr besser geht.

• Ich habe gewonnen.   →   Es freut _____

  Es freut mich.   _____

• Es regnet.   →   Du _____

  Das siehst du doch.   _____

• Du sollst das Fenster schließen.   →   Ich habe _____

  Das habe ich dir gesagt.   _____

  _____

• Er hat sich das Bein gebrochen.   →   _____

  Das habe ich nicht gewusst.   _____

  _____

• Papi hat morgen Geburtstag.   →   _____

  Denk daran.   _____

• Die Erde dreht sich.   →   _____

  Das wissen viele nicht.   _____

   Marlis Erni-Fähndrich: Satzzeichen und direkte Rede · 5./6. Klasse · Best.-Nr. 775 · © Brigg Pädagogik Verlag GmbH, Augsburg

35 Komma weil

Vor *weil* steht ein Komma.

Warum?

Weil es mir dort wohl ist.

Übung 35:   *Schreibe weil-Sätze.*

• Wir haben kein Licht.   ➜   Wir haben kein Licht, **weil** die Glühbirne

  Die Glühbirne ist kaputt.   kaputt ist.

• Das Essen ist angebrannt.   ➜   Das Essen _____

  Ich habe den Herd nicht   _____

  ausgeschaltet.   _____

• Das Kind weint.   ➜   _____

  Es hat Hunger.   _____

• Nico versteckt sich.   ➜   _____

  Er hat Angst.   _____

• Die Schwalben fliegen in den   ➜   _____

  Süden. Es ist Herbst.   _____

                            _____

• Die Leute klatschen.   ➜   _____

  Das Zauberstück war spannend.   _____

                            _____

Marlis Erni-Fähndrich: Satzzeichen und direkte Rede · 5./6. Klasse · Best.-Nr. 775 · © Brigg Pädagogik Verlag GmbH, Augsburg

36 Im Zoo

Im Zoo sind bisher leider keine Kommas!

Übung 36: *Setze alle Kommas ein.*

Im Zoo habe ich ganz verschiedene Tiere gesehen:
Zebras Löwen Elefanten Tiger Affen Giraffen
Flusspferde Pelikane und Pinguine.

Ich habe auch gesehen dass die
Elefanten einander mit Wasser
angespritzt haben.

Die Pinguine sind langsam ins Wasser
gewatschelt dann sind sie untergetaucht
und herumgeschwommen. Ich glaube dass sie
im Wasser richtig Spaß hatten.

Der Löwe ist herumspaziert der Affe hat
Grimassen geschnitten die Giraffe
streckte den langen schlanken Hals in die Höhe
und fraß junge grüne Blätter von einem Baum.

Wir wussten dass wir nicht zu nahe an die
Käfige gehen sollten weil wir die Raubtiere nicht reizen wollten.
Ich gehe gern in den Zoo weil immer etwas los ist und es viel anzuschauen
gibt. Ich frage meine Eltern ob wir am nächsten Sonntag wieder hingehen.

   Marlis Erni-Fähndrich: Satzzeichen und direkte Rede · 5./6. Klasse · Best.-Nr. 775 · © Brigg Pädagogik Verlag GmbH, Augsburg

37 Ein Eis!

Stell dir vor, du müsstest immer Sprechblasen zeichnen, wenn jemand etwas sagt! Das wäre mühsam!

Das kann man viel einfacher schreiben:

Die Lehrerin fragt: „Wer möchte ein Eis?" Alle Kinder antworten: „Ich!"

Die **Anführungszeichen** zeigen, dass jemand etwas genau so gesagt oder gefragt hat. Diese Zeichen heißen auch *Gänsefüßchen.*

Übung 37:   *Schreibe die Sätze in den Sprechblasen zwischen Anführungszeichen.*

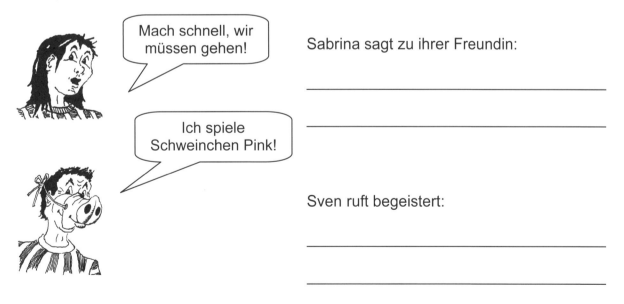

Sabrina sagt zu ihrer Freundin:

_____

_____

Sven ruft begeistert:

_____

_____

38 Das sagt jemand wörtlich

Übung 38: *Schreibe den Satz in der Sprechblase als wörtliche Rede.*
Denke an die Anführungszeichen.

Welche Zeichnung gefällt euch am besten?

Die Lehrerin fragt: „Welche Zeichnung gefällt euch am besten?"

Gefällt dir mein Bild?

Marina fragt ihre Mutter: _____

_____

Ich übe für unseren Zirkusnachmittag.

Sarah erklärt: _____

_____

Schau, ich kann einen Handstand!

Enrico ruft begeistert: _____

_____

Das weiß ich doch nicht!

Bettina antwortet:

_____

Marlis Erni-Fähndrich: Satzzeichen und direkte Rede · 5./6. Klasse · Best.-Nr. 775 · © Brigg Pädagogik Verlag GmbH, Augsburg

39 Der Lehrer fragt: „.................?"

In vielen Witzen braucht man Anführungszeichen. Alles, was zwischen den Anführungszeichen steht, hat jemand genau so gesagt oder gefragt.

Die Lehrerin stellt eine Aufgabe: „Auf einem Baum sitzen fünf Raben. Ein Mann schießt einen Raben ab. Wie viele sitzen jetzt noch oben?"

Emil antwortet: „Keiner mehr, die anderen sind erschrocken und davongeflogen!"

Übung 39: *Was sagen die Personen wörtlich? Setze die Anführungszeichen ein.*

☺ Christian kommt zu spät in die Schule.   Die Lehrerin fragt ihn: Hast du keinen Wecker?   Christian sagt: Doch, aber er läutet immer dann, wenn ich noch schlafe!

☺ Der Lehrer sagt zu Kathrin: Ich hoffe, dass ich dich nie mehr beim Abschreiben erwische!   Kathrin antwortet: Ich auch!

☺ Der Lehrer fragt: Warum hat die Giraffe einen so langen Hals?
Tamara ruft schnell: Weil der Kopf so hoch oben ist!

☺ Entsetzt schaut die Lehrerin die linke Hand von David an: Wenn du mir in dieser Klasse eine Hand zeigen kannst, die noch dreckiger ist, bekommst du von mir keine Hausaufgaben!   –   Da zeigt ihr David lächelnd seine rechte Hand.

☺ Der Vater sagt: In Deutschland ist die Kinderarbeit verboten.   Da meint Susanne: So, und warum wissen das unsere Lehrer nicht?

☺ Herr Beck fragt: Wer kennt ein Tier ohne Knochen?   Manuel weiß es und sagt: Ein Wurm.   Der Lehrer meint: Sehr gut, Manuel.   Und wer weiß noch ein Tier ohne Knochen?   Ines antwortet: Noch ein Wurm.

☺ Frau Fink erklärt: Der Maulwurf frisst jeden Tag so viel, wie er selbst schwer ist.
Da wundert sich Sebastian: Aber woher weiß er denn, wie schwer er ist?

☺ Herr Filippi tadelt Sandra: Kannst du mich nicht grüßen, wenn du hereinkommst?
Sandra fragt schüchtern: Doch, aber von wem denn?

40 Anführungszeichen oder nicht?

Nur, wenn jemand etwas genau so gesagt hat, braucht man Anführungszeichen.

Die Lehrerin sagt: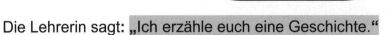

Ich erzähle euch eine Geschichte.

Die Lehrerin sagt: „Ich erzähle euch eine Geschichte."

*Das hat die Lehrerin **wörtlich** so gesagt.*
Wir setzen also Anführungszeichen.

ABER: Die Lehrerin sagt, dass sie uns eine Geschichte erzählt.

*Das hat die Lehrerin **nicht wörtlich** so gesagt.*
Wir setzen keine Anführungszeichen.

Übung 40: *Lies die Satzpaare durch. In welchem Satz braucht man Anführungs-*
zeichen? Setze sie ein.

Rudi fragt: Wer hat beim Skifahren gewonnen?	Rudi fragt, wer beim Skifahren gewonnen habe.
Meine Schwester sagte, ich solle sie in Ruhe lassen.	Meine Schwester sagte: Lass mich in Ruhe!
Mein Großvater fragte mich, ob ich schon bis hundert zählen könne.	Mein Großvater fragte mich: Kannst du schon bis hundert zählen?
Belinda rief: Ich gehe ins Schwimmbad. Wer will mitkommen?	Belinda rief, sie gehe ins Schwimmbad. Sie fragte, wer mitkommen wolle.
Achim ärgerte sich: Das ist ein richtiger Blödsinn!	Achim ärgerte sich, das sei ein richtiger Blödsinn.
Svenja fragt, wer mit ihr eine Sandburg bauen wolle.	Svenja fragt: Wer will mit mir eine Sandburg bauen?
Der Mann fragt: Hast du Angst vor dem Hund?	Der Mann fragt, ob ich Angst vor dem Hund habe.
Der Lehrer verkündet: Heute gebe ich keine Hausaufgaben.	Der Lehrer verkündet, dass er heute keine Hausaufgaben gebe.

41 Begleitsatz und wörtliche Rede

Der Lehrer sagt: „Heute lernt ihr schwimmen."

Im Begleitsatz steht, wer etwas sagt oder fragt.

Nach dem Begleitsatz steht ein Doppelpunkt.

In der wörtlichen Rede steht, was die Person sagt oder fragt.

Die wörtliche Rede steht in Anführungszeichen.

Übung 41: *Schreibe in den nächsten Beispielen den Begleitsatz auf.*
Vergiss den Doppelpunkt nicht.

Onkel; versprechen	Der Onkel verspricht:	„Wenn du gute Noten hast, schenke ich dir ein Fahrrad."
Mutter; fragen	_____	„Möchtest du eine Banane?"
Andi; bluffen	_____	„Ich kann am schnellsten rennen."
Urs; flüstern	_____	„In der Pause verrate ich dir ein Geheimnis."
Simon; jubeln	_____	„Ich habe den Wettlauf gewonnen!"
Sven; zweifeln	_____	„Haben wir heute Nachmittag wirklich frei?"
Maria; lügen	_____	„Ich habe gar nichts gesehen."
Alicia; behaupten	_____	„Patricia hat alles von mir abgeschrieben."

Marlis Erni-Fähndrich: Satzzeichen und direkte Rede · 5./6. Klasse · Best.-Nr. 775 · © Brigg Pädagogik Verlag GmbH, Augsburg

42 Wer hat was gesagt?

Übung 42: *Schreibe immer Begleitsatz und wörtliche Rede auf.*
Achte auf die Satzzeichen.

Begleitsatz: Wer sagt etwas?	**Wörtliche Rede:** Was wird gesagt?

Peter zu seiner Mutter	Die Klassenfahrt hat ihm gut gefallen
Peter sagt zu seiner Mutter:	**„Die Klassenfahrt hat mir gut gefallen."**

Daniela zu ihrer Freundin	Sie darf das Geheimnis niemandem verraten
Daniela sagt zu ihrer Freundin:	„Du _____
	_____

Alina zum Lehrer	Sie hat einen lustigen Clown gemalt
Alina _____	
_____	

Luca zu seinem Bruder	Wir haben im Seilziehen gewonnen
_____	
_____	

Die Lehrerin zu Roger	Das hat er sehr schön gemacht
_____	
_____	

Marlis Erni-Fähndrich: Satzzeichen und direkte Rede · 5./6. Klasse · Best.-Nr. 775 · © Brigg Pädagogik Verlag GmbH, Augsburg

43 Mal vorne, mal hinten

Der Begleitsatz kann nicht nur *vor* der wörtlichen Rede stehen. Man darf ihn auch an die wörtliche Rede anhängen.

Übung 43: *Male in den folgenden Sätzen den* Begleitsatz *farbig an.*

Ines fragt ihre Freundin: „Kannst du mir zwei Euro leihen?"

„Der Gugelhupf ist ein Gebäck mit einem Loch in der Mitte", erklärt Jasmin ihrer kleineren Schwester.

„Es wird ein Gewitter geben", befürchtet der Bauer.

„Ihr habt das Theater sehr schön gespielt und auch deutlich gesprochen", lobt der Lehrer.

Adriana erzählt ihrer Großmutter strahlend: „Ich habe am Meer viele schöne Muscheln gefunden."

Die Chefin setzt ihre Brille auf und sagt langsam zum Angestellten: „Wenn Sie in Zukunft nicht pünktlich hier sind, muss ich Sie entlassen."

Nadja fragt ihre Banknachbarin: „Was ist ein Dschungel?"
„Das ist ein Urwald", antwortet sie.

„Ich liebe Suchbilder. Meistens finde ich die Unterschiede schnell. Man muss einfach gut schauen", schwärmt Nicole ihrer Freundin Damaris vor.
Damaris antwortet: „Also probieren wir es. Wer findet die neun Unterschiede schneller?"

Wo sind die neun Unterschiede?

Marlis Erni-Fähndrich: Satzzeichen und direkte Rede · 5./6. Klasse · Best.-Nr. 775 · © Brigg Pädagogik Verlag GmbH, Augsburg

44 Wo steht der Begleitsatz?

Du weißt, dass der Begleitsatz am Anfang oder am Schluss des Satzes stehen kann.

Begleitsatz am Anfang: Die Mutter ruft : „Ihr könnt zum Essen kommen."

Begleitsatz am Schluss: „Ihr könnt zum Essen kommen", ruft die Mutter.

Übung 44:   *Male in den folgenden Sätzen zuerst den Begleitsatz farbig an.*
                       Setze dann die Satzzeichen ein.
                       Wenn du dir nicht sicher bist, kannst du oben nachschauen.

„Morgen machen wir eine Wanderung", verkündet der Lehrer.

Ich weiß nicht, ob ich mitkommen kann   sagt Lorenzo

Das wäre aber schade   meint Pedro

Der kleine Pascal sagt zur Großmutter   Das Zebra

ist sehr schön angemalt

Gabriela frohlockt   Morgen mache ich

mit meinen Freundinnen eine Geburtstagsparty

Wir helfen dir beim Vorbereiten   versprechen Nadja und Aline

Morgen darf ich mit meinem Onkel ins Kino gehen   freut sich Paul

Olaf zeigt dem Vater stolz sein Heft und sagt   Ich habe im Diktat

keinen einzigen Fehler gemacht

Dafür bekommst du von mir fünf Euro   lobt der Vater

Marlis Erni-Fähndrich: Satzzeichen und direkte Rede · 5./6. Klasse · Best.-Nr. 775 · © Brigg Pädagogik Verlag GmbH, Augsburg

45 Mittendrin

Das kennst du schon gut:

Begleitsatz:	„Wörtliche Rede."	→ Begleitsatz am Anfang

Begleitsatz am Schluss →	„Wörtliche Rede",	Begleitsatz.

Das ist neu für dich: **Der Begleitsatz kann auch in der Mitte stehen:**

„Wörtliche Rede",	Begleitsatz,	„wörtliche Rede."
„Tobias",	rief der Vater,	„komm doch bitte mal zu mir."

Das sagt der Vater wörtlich.   *Das sagt der Vater wörtlich.*

Du weißt: **Alles, was jemand wörtlich sagt, steht in Anführungszeichen.**

Übung 45.1: *Male den Begleitsatz farbig an.*

„Bravo", lobt der Lehrer, „das habt ihr ausgezeichnet gemacht!"

„Juhu", schwärmt Marina, „ich darf auf die Party gehen!"

„Wer von euch", fragt der Nachbar, „hat die Scheibe eingeschlagen?"

„Ich glaube nicht", sagt der Professor zum Studenten, „dass Sie die Prüfung bestehen."

Übung 45.2: *Male den Begleitsatz farbig an.*
Setze dann alle Satz- und Anführungszeichen ein.

Ich freue mich   sagt Tante Olga   wenn du mich besuchst

Wenn ihr brav seid   verspricht die Mutter   bekommt ihr ein Eis

So schönes Wetter   freut sich Pietro   hatten wir schon lange nicht mehr

Eigentlich   meint Karin   ist das gar nicht so schwierig

46 „Wann", fragt Fabio, „kommst du?"

Schau dir die Satz- und Anführungszeichen gut an:

„Wörtliche Rede",	Begleitsatz,	„wörtliche Rede."
„Wörtliche Rede",	Begleitsatz,	„wörtliche Rede!"
„Wörtliche Rede",	Begleitsatz,	„wörtliche Rede?"

Übung 46.1: *Setze die Satzzeichen ein:* **, . ! ?**
Die Anführungszeichen sind bereits eingefügt.

„Ich weiß nicht"__ sagt Carmen__ „ob ich ein Meerschweinchen bekomme__"

„Soll ich den Brief mitnehmen"__ fragt Frau Meier__ „wenn ich zur Post gehe__"

„Schluss jetzt"__ ruft Herr Leisemann__ „ich habe euren Lärm satt__"

„Es hat mich gefreut"__ meint Onkel Mario__ „dass du mir geschrieben hast__"

„Warum hast du"__ fragt der Lehrer__ „deine Sportkleidung nicht mitgenommen__"

Übung 46.2: *Setze die Anführungszeichen ein.*
Die Satzzeichen sind bereits eingefügt.

Meine Kühe , erklärt der Bauer,   mögen Musik im Stall.

Wer kann schneller rennen , fragt Sascha,   ein Löwe oder ein Tiger?

Ich befürchte , sagt Tonio,   dass wir den Bus verpassen.

Was jemand wörtlich sagt , erklärt die Lehrerin,   steht in Anführungszeichen.

Wir gehen nur baden , sagt die Mutter,   wenn die Sonne scheint.

Marlis Erni-Fähndrich: Satzzeichen und direkte Rede · 5./6. Klasse · Best.-Nr. 775 · © Brigg Pädagogik Verlag GmbH, Augsburg

47 Drei Möglichkeiten

Jetzt kennst du die verschiedenen Möglichkeiten:

1	Begleitsatz am Anfang		Begleitsatz:	„Wörtliche Rede." (!?)

2	Begleitsatz am Schluss	„Wörtliche Rede",	Begleitsatz.	

3	Begleitsatz in der Mitte	„Wörtliche Rede",	Begleitsatz,	„wörtliche Rede." (!?)

Übung 47: *Schreibe neben jeden Satz, um welche Möglichkeit es sich handelt.*
Wenn du zuerst den Begleitsatz farbig anmalst, geht es leichter.

2 „Wenn ihr etwas nicht wisst, dürft ihr mich fragen", sagt die Lehrerin.

☐ „Wir gehen auf den Spielplatz", sagen Laura und Lea zu Manuela.

☐ Nicole freut sich: „Ich habe ein neues Fahrrad bekommen!"

☐ Annika fragt: „Fliegen Maikäfer nur im Mai?"

☐ „Wir könnten doch", meint der Vater, „am Sonntag eine Radtour machen."

☐ „Das ist keine schlechte Idee", antwortet Jan, „ich komme gern mit."

☐ „Weißt du schon", fragt der Vater, „wohin du fahren möchtest?"

☐ Jan strahlt: „Ja, an den Gilbenbach. Dann können wir im Wasser spielen."

☐ „Einverstanden", sagt der Vater ruhig.

48 Man kann es auf drei Arten sagen

1		Begleitsatz:	„Wörtliche Rede." (! ?)
2	„Wörtliche Rede",	Begleitsatz.	
3	„Wörtliche Rede",	Begleitsatz,	„wörtliche Rede." (! ?)

Übung 48: *Schreibe die Satzteile so auf, dass sie im richtigen Kästchen stehen. Achte auf die Satz- und Anführungszeichen.*

1		Doris sagte:	„Ich weiß, wer den Ring gestohlen hat."
2	„Ich weiß, wer den Ring gestohlen hat",	sagte Doris.	
3	„Ich weiß",	sagte Doris,	„wer den Ring gestohlen hat."

1		Björn sagte:	„Ich finde, das ist ein blödes Spiel."
2			
3			

1			
2	„Ich glaube, Dario hat gelogen",		sagte Britta.
3			

1			
2			
3	„Ich glaube",	sagt Tim,	„ich werde krank."

1			
2	„Ich hoffe, dass du mitkommst."		sagt Ines.
3			

Marlis Erni-Fähndrich: Satzzeichen und direkte Rede · 5./6. Klasse · Best.-Nr. 775 · © Brigg Pädagogik Verlag GmbH, Augsburg

49 Wie sagt man es wörtlich?

1		Begleitsatz:	„Wörtliche Rede." (! ?)
2	„Wörtliche Rede",	Begleitsatz.	
3	„Wörtliche Rede",	Begleitsatz,	„wörtliche Rede." (! ?)

Die drei Muster kennen wir jetzt gut!

Übung 49: *Schreibe die Sätze so auf, wie die Personen sie wörtlich gesagt haben. Die Zahl sagt dir, nach welchem Muster du sie aufschreiben sollst.*

	Oma sagte, wenn es uns passe, komme sie am Sonntag zu Besuch.
3	„Wenn es euch passt", sagte Oma, „komme ich am Sonntag zu Besuch."

	Marina fragt, ob sie mitspielen dürfe.
1	Marina _____

	Kevin sagte, er habe Ines geholfen.
2	_____

	Frau Bodmer sagte, es tue ihr leid, sie habe kein Geld bei sich.
3	_____ _____ _____

	Papa hat gesagt, er komme später heim.
2	_____

	Nadine sagte, sie sei zu spät, weil sie den Wecker nicht gehört habe.
3	_____ _____ _____

50 Plaudereien

Übung 50: *Worüber diskutieren die Leute? Erfinde Diskussionen und Gespräche. Dein Text sollte viele wörtliche und nicht wörtliche Gespräche enthalten. Achte gut auf die Satz- und Redezeichen.*

Marlis Erni-Fähndrich: Satzzeichen und direkte Rede · 5./6. Klasse · Best.-Nr. 775 · © Brigg Pädagogik Verlag GmbH, Augsburg

L1 Sprechen und Schreiben

Lösung

Was der Spanier wohl sagt?

> Buenosdíasqueridosamigoshoyhacemosunpaseo.

Wenn wir eine Sprache nicht kennen, merken wir nicht,
wo ein Wort fertig ist und wo ein neues Wort beginnt.

Die Italienerin sagt dasselbe wie der Spanier, aber in ihrer Sprache.

> Buongiornocariamicioggifaciamounapasseggiata.

Wenn du *sprichst,*   machst du hin und wieder eine Pause,   um Luft zu holen.
Deine Klassenkameraden verstehen dich, weil sie die Wörter kennen.

Wenn du *schreibst,* machst du vor und nach jedem Wort einen kleinen Zwischenraum.
Zusätzlich setzt du an bestimmten Stellen Satzzeichen.
So kann man den Text leichter lesen.

Wenn ein Satz fertig ist, machst du einen Punkt. Nicht wahr?

> Aber klar doch!

Übung 1: *Wo sind die Sätze fertig?*
Mache an den richtigen Stellen einen farbigen Punkt.

Ich bin David. Ich kenne viele Kinder.

Meine Freunde heißen Tobi und Kevin. Britta und Sabrina sind meine Schwestern. Chris ist mein Bruder. Maria wohnt nebenan. Fatma kommt aus der Türkei. Luis ist Peruaner. Antonio und Emilio kommen aus Italien. Olivia ist Portugiesin. Anita und Sandra sind meine Cousinen.

Marlis Erni-Fähndrich: Satzzeichen und direkte Rede · 5./6. Klasse · Best.-Nr. 775 · © Brigg Pädagogik Verlag GmbH, Augsburg

L2 Wörter und Sätze

Lösung

Mit Zwischenräumen kann man die Wörter viel besser lesen.

Das haben der Spanier und die Italienerin gesagt:

Spanisch:	Buenos	días	queridos	amigos	hoy	hacemos	un	paseo.
Italienisch:	Buon	giorno	cari	amici	oggi	faciamo	una	passeggiata.
Deutsch:	Guten	Tag	liebe	Freunde	heute	machen wir	einen	Spaziergang.

Der Punkt zeigt, wo ein Satz fertig ist.

David hat gesagt, wie seine Freunde und Bekannten heißen:

Meine Freunde heißen Tobi und Kevin. Britta und Sabrina sind meine Schwestern. Chris ist mein Bruder. Maria wohnt nebenan. Fatma kommt aus der Türkei. Luis ist Peruaner. Antonio und Emilio kommen aus Italien. Olivia ist Portugiesin. Anita und Sandra sind meine Cousinen.

Übung 2: *Wer ist was? Schreibe die Namen auf.*

- die Freunde von David: **Tobi und Kevin**

- die Portugiesin: **Olivia**

- Davids Bruder: **Chris**

- das Mädchen aus der Türkei: **Fatma**

- Davids Cousinen: **Anita und Sandra**

- der Peruaner: **Luis**

- das Nachbarkind: **Maria**

- die Italiener: **Antonio und Emilio**

- die Schwestern von David: **Britta und Sabrina**

Marlis Erni-Fähndrich: Satzzeichen und direkte Rede · 5./6. Klasse · Best.-Nr. 775 · © Brigg Pädagogik Verlag GmbH, Augsburg

L3 Sätze bauen

Lösung

Aus Wörtern kannst du Sätze bauen. Du weißt:

Am Ende eines Satzes steht ein Punkt.

Übung 3.1: *Bilde aus den folgenden Wörtern drei Sätze und schreibe sie auf.*
Wörter, die du schon verwendet hast, kannst du durchstreichen.

| im Zoo | einen Elefanten | Ich | gesehen | haben | habe | Wir |

| schönes Wetter | war | mit der Klasse | Es | gemacht | einen Ausflug |

● Wir   **haben mit der Klasse einen Ausflug gemacht.**

Es   **war schönes Wetter.**

Ich   **habe im Zoo einen Elefanten gesehen.**

Hast du am Ende der Sätze einen Punkt gesetzt? Kontrolliere.

Übung 3.2: *Lies den folgenden Text durch. Male immer das erste Wort eines Satzes*
mit Farbe an. Du weißt: Ein neuer Satz beginnt nach dem Punkt.

Ein komisches Land

● Im komischen Land haben die Menschen farbige Zähne. Sie putzen nämlich die Zähne
mit der Schuhbürste. Auf die Schuhbürste streichen sie farbige Schuhcreme und putzen
sich damit die Zähne.

Im komischen Land haben die Menschen nur weiße Schuhe. Sie putzen die Schuhe mit
der Zahnbürste. Mit weißer Zahnpasta auf der Zahnbürste putzen sie die Schuhe.

Übung 3.3: *Schau den ersten Buchstaben der farbigen Wörter an. Was fällt dir auf?*
Schreibe das passende Wort auf:

Das erste Wort eines Satzes hat einen   **großen**   Anfangsbuchstaben.

Marlis Erni-Fähndrich: Satzzeichen und direkte Rede · 5./6. Klasse · Best.-Nr. 775 · © Brigg Pädagogik Verlag GmbH, Augsburg

L4 Schlangensätze

Lösung

Das hast du gelernt:

- **Das erste Wort eines Satzes hat einen großen Anfangsbuchstaben.**
- **Am Ende eines Satzes steht ein Punkt.**

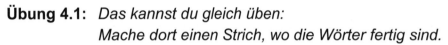

Nomen schreibt man auch groß.

Übung 4.1: *Das kannst du gleich üben:*
Mache dort einen Strich, wo die Wörter fertig sind.

im|komischen|land|ist|alles|anders|die|stühle|sind|h
öher|als|die|tische|die|leute|sitzen|auf|dem|tisch|
die|teller|und|gläser|stehen|auf|dem|stuhl

Übung 4.2: *Schreibe jetzt die Sätze richtig ab.*

Im komischen Land ist alles anders. Die Stühle sind

höher als die Tische. Die Leute sitzen auf dem Tisch.

Die Teller und Gläser stehen auf dem Stuhl.

Übung 4.3: *Mache auch im folgenden Schlangensatz Striche und*
schreibe ihn auf.

IM|KOMISCHEN|LAND|SIND|DIE|FENSTER|UND|TÜREN|
AUS|HOLZ|DIE|MAUERN|UND|DAS|DACH|SIND|AUS|GLAS|
DER|BALKON|IST|IM|WOHNZIMMER|ES|IST|EBEN|ALLES|
ANDERS|IM|KOMISCHEN|LAND

... und das Katzentürchen?

Im komischen Land sind die Fenster und Türen

aus Holz. Die Mauern und das Dach sind aus Glas.

Der Balkon ist im Wohnzimmer. Es ist eben alles

anders im komischen Land.

 Marlis Erni-Fähndrich: Satzzeichen und direkte Rede · 5./6. Klasse · Best.-Nr. 775 · © Brigg Pädagogik Verlag GmbH, Augsburg

L5 Pech gehabt

Lösung

Jan hat eine kurze Geschichte geschrieben. Aus Versehen hat er das Blatt zerrissen. Aber es ist noch im Papierkorb. Er setzt die Zettel zusammen. Du darfst ihm helfen.

Übung 5.1: *Nummeriere die Zettel in der richtigen Reihenfolge.*

Übung 5.2: *Schreibe jetzt die Geschichte ab.*

Gestern ging ich mit meinem Freund in den Wald. Wir

wollten einen Schatz suchen.

Wir haben lange und tief gegraben. Dann fanden wir

eine alte Holzkiste. Sorgfältig öffneten wir sie.

Wir fanden alte Kleider, etwas Geschirr und

einen Zettel. Darauf stand:

Das ist mein ganzer Schatz.

Marlis Erni-Fähndrich: Satzzeichen und direkte Rede · 5./6. Klasse · Best.-Nr. 775 · © Brigg Pädagogik Verlag GmbH, Augsburg

L6 Antworten und Fragen

Lösung

Die Leute im komischen Land geben zuerst die Antwort und erst dann fragen sie.
Das kannst du ausprobieren:

Übung 6: *Ein Kind hat verschiedene Antworten gegeben. Welche Fragen musst du*
ihm stellen? Schreibe die Fragen auf die richtige Linie.

Fragen:

~~Wann hast du Geburtstag?~~   ~~In welche Klasse gehst du?~~

~~Wie alt bist du?~~

~~Wie heißt du?~~   ~~Hast du Geschwister?~~

~~Wo wohnst du?~~

~~Machst du Sport?~~   ~~Hast du Haustiere?~~   ~~Gehst du gern in die Schule?~~

Das Kind antwortet:	**Du fragst:**
im komischen Land	Wo wohnst du**?**
am 12. April	**Wann hast du Geburtstag?**
10 Jahre	**Wie alt bist du?**
Rola Komila	**Wie heißt du?**
ja, schwimmen und reiten	**Machst du Sport?**
ja, einen Bruder und eine Schwester	**Hast du Geschwister?**
in die vierte Klasse	**In welche Klasse gehst du?**
eigentlich schon, wir lernen viel	**Gehst du gern in die Schule?**
ja, zwei Hamster	**Hast du Haustiere?**

Hast du bei deinen Fragen ein Fragezeichen gemacht? Kontrolliere.

     Marlis Erni-Fähndrich: Satzzeichen und direkte Rede · 5./6. Klasse · Best.-Nr. 775 · © Brigg Pädagogik Verlag GmbH, Augsburg

L7 Warum? Warum? Warum?

Lösung

Du kennst viele Wörter, mit denen du Fragen stellen kannst.

Übung 7: *Schreibe das richtige Fragewort auf. Am Schluss der Frage machst du ein Fragezeichen. Verwende jedes Fragewort nur ein einziges Mal.*

~~Warum~~   ~~Wo~~   ~~Wer~~   ~~Wann~~   Wohin   ~~Was~~   ~~Welches~~   ~~Wie viel~~   ~~Wie~~

Wann   kommst du nach Hause   ?

Wohin   gehst du   ?

Wer   hat den Kuchen gegessen   ?

Was   ist in der Schachtel   ?

Warum   weinst du   ?

Wie viel ergibt 7 + 7   ?

Wie   groß bist du   ?

Wo   hast du die schöne Jacke gekauft   ?

Welches   Buch meinst du   ?

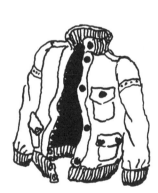

Es ist ganz einfach: Wenn am Schluss des Satzes ein **?** steht, ist es eine Frage.

Marlis Erni-Fähndrich: Satzzeichen und direkte Rede · 5./6. Klasse · Best.-Nr. 775 · © Brigg Pädagogik Verlag GmbH, Augsburg

L8 Ja oder Nein

Lösung

Viele Fragen kann man einfach mit JA oder NEIN beantworten.

Übung 8: *Unterstreiche die Fragen, die man mit JA oder NEIN beantworten kann.*
Die anderen Fragen streichst du durch.

<u>Kommst du mit auf den Spielplatz?</u>　　　(Unterstreichen: Man kann mit JA oder NEIN antworten.)

~~Wo ist mein Fussball?~~　　　(Durchstreichen: Man kann diese Frage nicht mit JA oder NEIN beantworten.)

<u>Isst du gern Schokolade?</u>

~~Wer hilft mir beim Aufräumen?~~

<u>Hast du den Zauberer gesehen?</u>

~~Wann beginnt das Fest?~~

<u>Haben wir heute Turnen?</u>

~~Auf wen wartest du?~~

~~Was machst du in den Ferien?~~

<u>Darf ich dein Fahrrad benutzen?</u>

<u>Soll ich dir einen Witz erzählen?</u>

<u>Hast du die Hausaufgaben gemacht?</u>

~~Wo bist du gewesen?~~

~~Wie heißt du?~~

<u>Hast du gut geschlafen?</u>

~~Warum hast du mir nichts gesagt?~~

~~Wo wohnt dein Freund?~~

L9 Richtig fragen

Lösung

Wenn du wissen willst, warum es nachts dunkel ist, dann fragst du:
Warum ist es nachts dunkel?

Übung 9: *Schreibe die Fragen richtig auf. Vergiss das Fragezeichen nicht.*

Ich will wissen, warum es nachts dunkel ist.

Ich frage: **Warum ist es nachts dunkel?**

Den ersten Buchstaben einer Frage schreibt man groß.

(1) Ich will wissen, warum es Gewitter gibt.

Ich frage: **Warum gibt es Gewitter?**

(2) Ich will wissen, warum es im Winter schneit.

Ich frage: **Warum schneit es im Winter?**

(3) Ich will wissen, ob ich ins Schwimmbad gehen darf.

Ich frage: **Darf ich ins Schwimmbad gehen?**

(4) Ich will wissen, wann wir in den Urlaub fahren.

Ich frage: **Wann fahren wir in den Urlaub?**

(5) Ich will wissen, ob es Marsmännchen gibt.

Ich frage: **Gibt es Marsmännchen?**

(6) Ich will wissen, wie weit es zum Mond ist.

Ich frage: **Wie weit ist es zum Mond?**

Marlis Erni-Fähndrich: Satzzeichen und direkte Rede · 5./6. Klasse · Best.-Nr. 775 · © Brigg Pädagogik Verlag GmbH, Augsburg

L11 Juhu!

Lösung

Wenn du einem Klassenkameraden etwas zurufst, sprichst du anders, als wenn du ihn etwas fragst oder ihm etwas erzählst.

Beim Schreiben machst du ein Ausrufezeichen, wenn du zeigen willst, dass es ein Ausruf ist.

Übung 11: *Lies die folgenden Sätze durch. Wenn es ein Ausruf sein könnte, machst du ein Ausrufezeichen, sonst machst du einen Punkt.*

Komm sofort**!**

Lüg nicht**!**

Ich werde dich morgen anrufen**.** (oder **!**)

Juhu**!**

Ich habe eine schöne Zeichnung gemacht**.** (oder **!**)

Leider kann ich nicht kommen**.** (oder **!**)

Hilfe**!**

Mach schnell**!**

Steh auf**!**

Auf keinen Fall**!**

Hau ab**!**

Seit zwei Tagen regnet es**.** (oder **!**)

Morgen ist Vollmond**.** (oder **!**)

Ich gehe spazieren**.** (oder **!**)

Pass auf**!**

Es brennt**!**

Zwei und zwei sind vier**.** (oder **!**)

Raus hier**!**

Marlis Erni-Fähndrich: Satzzeichen und direkte Rede · 5./6. Klasse · Best.-Nr. 775 · © Brigg Pädagogik Verlag GmbH, Augsburg

L12 Hier befehle ich!

Lösung

Übung 12.1: *Du darfst jetzt einem anderen Kind etwas befehlen.*
Schreibe die Wörter so auf, dass sie Befehle ergeben.

weggehen	➔	Geh weg!
schnell kommen	➔	**Komm schnell!**
zuhören	➔	**Hör zu!**
aufpassen	➔	**Pass auf!**
still sein	➔	**Sei still!**
loslassen	➔	**Lass los!**
aufhören	➔	**Hör auf!**
aussteigen	➔	**Steig aus!**
aufschreiben	➔	**Schreib auf!**

> **Hier stehen Ausrufezeichen, weil es Befehle sind!**

Übung 12.2: *Jetzt machst du es umgekehrt: Schreibe die Grundform auf.*

Wasch dich!	➔	sich waschen
Wach auf!	➔	**aufwachen**
Warte!	➔	**warten**
Sprich laut!	➔	**laut sprechen**
Setz dich!	➔	**sich setzen**
Lies vor!	➔	**vorlesen**
Trink aus!	➔	**austrinken**
Schweig!	➔	**schweigen**
Iss!	➔	**essen**

> **Nach der Grundform (Infinitiv) stehen keine Ausrufezeichen.**

L13 Furchtbar kompliziert!

Lösung

Im komischen Land machen die Leute komplizierte Sätze. Sie sagen zum Beispiel:

„Sei doch vielleicht bitte so freundlich und schließ das Fenster!"
Das passt doch nicht zusammen und klingt kompliziert, oder?

Bei uns sagt man: Schließ bitte das Fenster!
Oder: Fenster zu! Oder: Schließ das Fenster!

Übung 13: *Versuche, die Sätze aus dem komischen Land möglichst kurz zu machen und schreibe sie auf.*

Ich bitte euch höflich, vielleicht doch endlich mal still zu sein!

➜ **Seid endlich still!**

Es wäre sehr angenehm, wenn du doch bitte endlich aufhören würdest!

➜ **Hör endlich auf!** oder: **Hör bitte auf!**

Ich fände es besser, wenn du die Kerze sofort auslöschen würdest!

➜ **Lösch die Kerze sofort aus!** oder:

Lösch sofort die Kerze aus!

Wenn du doch vielleicht so gut sein könntest und den Tisch abräumen würdest!

➜ **Räum den Tisch ab!** oder:

Räum bitte den Tisch ab!

Du solltest doch, wenn möglich, bitte sofort den Arzt anrufen!

➜ **Ruf (bitte) sofort den Arzt an!**

Es wäre besser, wenn du vielleicht mit deinem ewigen Gejammer aufhören würdest!

➜ **Hör mit deinem ewigen Gejammer auf!**

Du solltest jetzt doch endlich deine Hausaufgaben machen!

➜ **Mach endlich deine Hausaufgaben!**

L14 Schööön!

Lösung

Stell dir vor, du siehst gerade ein wunderschönes Feuerwerk.

Dann sagst du nicht: „Ich finde dieses Feuerwerk wunderschön."
Du rufst: „Schööön!" oder „Aaah!" oder „Oooh!" oder „Wow!"

Wenn der Kasperle im Kindertheater gefragt hat:
„Seid ihr alle da?", hast du gerufen: „Jaaa!"

Es gibt viele Situationen, in denen man etwas ruft. Wenn man sich zum Beispiel freut oder wenn man wütend ist, sagt man meist keine ganzen Sätze. Mit dem Ausrufezeichen zeigst du, dass du etwas besonders betonen willst.

Übung 14: *Wie sagst du die folgenden Sätze? Schreibe sie als Ausrufe auf.*

Du findest es schade, dass du ein schönes Glas zerbrochen hast.	➜ Schade!
Du grüßt jemanden am Morgen.	➜ Guten Morgen**!**
Du wünschst jemandem eine gute Reise.	➜ **Gute Reise!**
Du entschuldigst dich bei jemandem.	➜ **Entschuldigung!** oder: **Entschuldige!** oder: **Entschuldigen Sie!**
Du freust dich über das feine Essen.	➜ **Fein!** oder **Mmh!** oder **Das ist fein!**
Du dankst für ein tolles Geschenk.	➜ **Danke!** oder **Vielen Dank!** oder **Danke für das tolle Geschenk!**
Du wünschst jemandem schöne Ferien.	➜ **Schöne Ferien!**
Du findest etwas einen Blödsinn.	➜ **Doof!** oder **(So ein) Blödsinn!**
Dein Fußballclub hat ein Tor geschossen.	➜ **Goal!** oder **Tor!**

Marlis Erni-Fähndrich: Satzzeichen und direkte Rede · 5./6. Klasse · Best.-Nr. 775 · © Brigg Pädagogik Verlag GmbH, Augsburg

L15 Soll das ein Witz sein?

Lösung

. ? !

Übung 15: *Was passt am besten? Setze am Satzende das passende Zeichen ein.*

☺ „Du Papa**!** Deine neue Uhr ist wasserdicht**.**" (oder **!**)
„Warum**?**"
„Ich habe sie gestern mit Wasser gefüllt und das Wasser ist drin geblieben**!**" (oder **.**)

☺ „Woher hast du die Beule am Kopf**?**"
„Siehst du die Glastüre dort**?**"
„Ja**!**" (oder **.**)
„Aber ich habe sie nicht gesehen**!**" (oder **.**)

☺ „Was machst du**?**"
„Haare waschen**.**" (oder **!**)
„Aber deine Haare sind ja trocken**!**" (oder **.**)
„Ja, weißt du, auf dem Shampoo steht: Für trockenes Haar**!**" (oder **.**)

☺ Die Lehrerin sagt zu Dani: „Schäm dich**!** Man steckt doch den Zeigefinger nicht in die Nase**!**" (oder **.**)
Dani: „Nicht**?** Welchen Finger soll ich dann nehmen**?**"

☺ Die Mutter: „Deine Lehrerin hat über dich geklagt**.**" (oder **!**)
Lisa: „Unmöglich**!** Ich war heute gar nicht in der Schule**!**" (oder **.**)

☺ Der Lehrer fragt: „Alex, wann spüren wir die Natur am besten**?**"
„Wenn wir uns in einen Ameisenhaufen setzen**.**" (oder **!**)

☺ Der Sohn schickt seinem Vater eine SMS: „Wo bleibt das Geld**?**"
Der Vater antwortet: „Hier**!**" (oder **.**)

☺ Manuela fragt den Lehrer: „Kann ich bestraft werden, wenn ich nichts gemacht habe**?**"
Lehrer: „Natürlich nicht**!**"
Gabi: „Super**!** Ich habe die Hausaufgaben nicht gemacht**.**" (oder **!**)

  Marlis Erni-Fähndrich: Satzzeichen und direkte Rede · 5./6. Klasse · Best.-Nr. 775 · © Brigg Pädagogik Verlag GmbH, Augsburg

L16 Das glaube ich nicht!

Lösung

Übung 16: *Setze die Satzzeichen ein. Manchmal gibt es mehr als eine Möglichkeit.*

Nach einem Titel macht man keinen Punkt!

Im komischen Land

Bei den Schuhen sind die Absätze vorne. Die Leute laufen deshalb ganz komisch. Willst du das nicht ausprobieren?

Bei den Autos sind die Räder viereckig. Wie die wohl vorwärts kommen?

Da! Was ist das? Himmelblaue Schneeflocken! Und sie sind ganz warm! Warmer blauer Schnee!

Die Spaghetti wachsen an den Bäumen.

Die Leute mahlen Tannennadeln und backen daraus Brot. Wie das wohl schmeckt?

Äpfel und Birnen wachsen in Blumentöpfen.

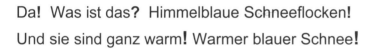

Sie essen aus Gläsern und trinken aus Tellern. Im Restaurant bestellen sie ein Glas Spaghetti und einen Teller Limonade.

Die Kinder befehlen. Die Eltern müssen ihnen gehorchen.

Es wird nur das gekocht, was die Kinder gern mögen.

L17 Die komische Schule

Lösung

Übung 17: *Setze die Satzzeichen ein.*

Ein Kind aus dem komischen Land hat dir einen Brief geschrieben. Es erzählt über seine Schule.

Unsere Schule ist lässig. (Oder **!**) Wir erhalten für jede Schulstunde Geld. Ist das bei euch auch so**?**

Wir dürfen lernen, was wir wollen. Und das Schönste: keine Hausaufgaben**!**

Ich mag Sprachunterricht am liebsten. Und du**?** Nächstes Jahr lerne ich Eusisch. Das ist die Sprache unseres Nachbarlandes. Ich freue mich riesig. (Oder **!**) So lässig**!**

Dürft ihr eure Haustiere auch mit in die Schule nehmen**?** Wir müssen die Tiere nur zu Hause lassen, wenn wir Turnen haben.

In jeder Klasse gibt es einen Helfer. Er spitzt unsere Bleistifte und räumt unsere Tische auf, wenn die Schule fertig ist. Und er füttert die Tiere und geht mit ihnen spazieren.

Vor jeder Schulstunde erzählt uns die Lehrerin einen Witz. Leider vergesse ich die Witze so schnell. Aber den von gestern weiß ich noch.

Auf einem Schulausflug ist Jan in den See gefallen und ist fast ertrunken. Die Lehrerin fragt ihn: „Wie kann denn das passieren**?** Du bist doch ein guter Schwimmer**!**" Jan antwortet: „Ja, aber auf der Tafel steht doch: Schwimmen verboten**!**"

Wie oft macht ihr Schulausflüge**?** Bei uns gibt es leider nur einen einzigen Schulausflug im Monat. Findest du nicht auch, dass das zu wenig ist**?** Ein Schulausflug pro Woche wäre doch herrlich**!**

Erzählst du mir auch von deiner Schule**?** Ich würde mich über einen Brief von dir freuen. Bis bald**!** *Corina*

 Marlis Erni-Fähndrich: Satzzeichen und direkte Rede · 5./6. Klasse · Best.-Nr. 775 · © Brigg Pädagogik Verlag GmbH, Augsburg

L19 Gelogen oder nicht gelogen?

Lösung

Schreibe die Texte in der richtigen Reihenfolge auf und setze die Satzzeichen.

Übung 19.1

Ich **kann 20 Meter weit springen!** (oder **.**)

Du lügst!

Nein, ich lüge nicht: Ich springe in 20 Schritten 20 Meter weit! (oder **.**)

Übung 19.2

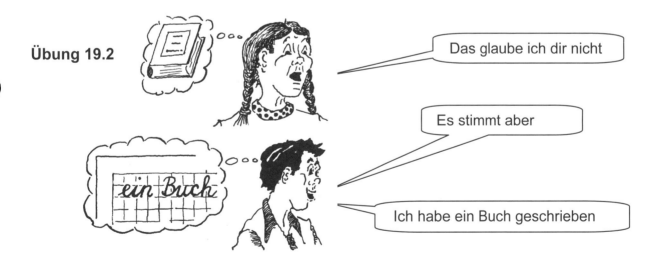

Ich **habe ein Buch geschrieben!** (oder **.**)

Das glaube ich dir nicht!

Es stimmt aber!

Marlis Erni-Fähndrich: Satzzeichen und direkte Rede · 5./6. Klasse · Best.-Nr. 775 · © Brigg Pädagogik Verlag GmbH, Augsburg

L20 Ein Komma geht spazieren

Lösung

Ein junges Komma geht gern und oft spazieren. Wenn es müde ist, setzt es sich einfach. Das ist aber manchmal gefährlich.

Immer wieder bekommt das Komma eine Strafe, weil es sich an Orten hinsetzt, an denen es verboten ist. Es muss dann einen Tag lang zu Hause bleiben. Dann ist es traurig.

Darum geht das Komma jetzt in die Komma-Schule und lernt, wo es sich hinsetzen darf und wo nicht. Du kannst ihm dabei helfen.

Am ersten Tag lernt es ein paar ganz einfache Beispiele:

Hunde**,** Katzen**,** Schafe**,** Kaninchen **und** Hühner sind Haustiere.

Löwen**,** Geparde**,** Elefanten**,** Pinguine**,** Tiger **und** Eisbären sind wilde Tiere.

Übung 20: *Setze die Kommas ein.*

Rehe**,** Hasen**,** Füchse**,** Dachse**,** Eichhörnchen **und** Waldkäuzchen sind Waldtiere.

Birken**,** Buchen**,** Eichen**,** Lärchen**,** Fichten **und** Weißtannen sind Waldbäume.

Brombeeren**,** Heidelbeeren**,** Stachelbeeren **und** Himbeeren sind Waldbeeren.

 Marlis Erni-Fähndrich: Satzzeichen und direkte Rede · 5./6. Klasse · Best.-Nr. 775 · © Brigg Pädagogik Verlag GmbH, Augsburg

L21 Das Komma setzt sich zwischen Nomen

Lösung

Schon am ersten Tag hat das Komma etwas Wichtiges gelernt:

Ich darf mich zwischen mehrere Nomen setzen.
Aber vor einem *und* habe ich keinen Platz.

Beispiel:
Kühe**,** Rinder**,** Kälber**,** Ziegen **und** Hühner sind Bauernhoftiere.

Langsam mag sich das Komma nicht mehr zwischen all die Tiere setzen. Es sucht sich andere Sitzgelegenheiten.

Übung 21: *Komma oder nicht? Setze das Komma ein, wo es nötig ist.*

Tennis**,** Fußball**,** Eiskunstlauf**,** Langlauf und Eishockey sind Sportarten.

Italien**,** Frankreich**,** Österreich**,** Deutschland**,** Spanien und Portugal sind europäische Länder.

Maurer**,** Maler**,** Dachdecker und Elektrikerinnen arbeiten auf dem Bau.

Öl und Essig braucht man für die Salatsoße.

Schirme und Regenmäntel schützen vor Regen.

Mit Auto**,** Schiff**,** Flugzeug**,** Bus und Eisenbahn kann man reisen.

Mützen**,** Hüte**,** Kapuzen und Kopftücher sind Kopfbedeckungen.

Ich kann Dreiecke**,** Vierecke**,** Kreise und Würfel zeichnen.

Meine Freunde heißen Jan**,** Tobias**,** Dennis und Mario.

L22 und und und …

Lösung

Das Komma hat wieder einmal Dummheiten begangen und muss deshalb zu Hause bleiben.

Aber du weißt ja, dass du Nomen auch mit **und** verbinden kannst.

Das kannst du gleich ausprobieren.

Übung 22: *Bilde Sätze aus den folgenden Wörtern. Verbinde die Nomen mit **und**.*
Am Schluss des Satzes machst du einen Punkt.

Ein Beispiel:

Kugelschreiber	Bleistifte	zum Schreiben	Ich brauche	Farbstifte

Ich brauche Kugelschreiber **und** Bleistifte **und** Farbstifte zum Schreiben.

sind	Wasser	Limonade	Milch	Getränke

Wasser und Sirup und Milch sind Getränke.

Messer	Löffel	Ich esse mit	Gabel

Ich esse mit Messer und Löffel und Gabel.

sind Reimwörter	Haus	Laus	Maus	Klaus

Haus und Laus und Maus und Klaus sind Reimwörter.

Freude	Angst	sind Gefühle	Hoffnung	Glück

Freude und Angst und Hoffnung und Glück sind Gefühle.

 Marlis Erni-Fähndrich: Satzzeichen und direkte Rede · 5./6. Klasse · Best.-Nr. 775 · © Brigg Pädagogik Verlag GmbH, Augsburg

L23 und oder Komma

Lösung

Heute geht das Komma wieder in die Komma-Schule.
Es hat einen Freund mitgebracht; er heißt **oder**.

Das Komma weiß, dass es sich zwischen Nomen setzen darf, außer es steht ein
und oder ein **oder** dort.

Übung 23: *Was passt zwischen die Nomen?*
*Lies die Sätze durch und überlege, ob **und**, **oder** oder ein **Komma**
am besten passt. Ergänze dann die Sätze.*

● Möchtest du lieber Konfitüre **oder** Honig?

Bitte bring den Brief **und** das Paket zur Post.

Amseln, Schwalben, Finken **und** Meisen
sind Singvögel.

Ananas, Mango, Kiwi **und** Bananen
sind Südfrüchte.

Der Nikolaus bringt Äpfel, Nüsse, Mandarinen
und Lebkuchen.

Soll ich Blockflöte, Klavier, Geige **oder**
Gitarre lernen?

● Zum Dessert kannst du Kirschtorte, Vanillepudding, Schokoladen-
keks, Himbeereis **oder** Erdbeeren mit Schlagsahne wählen.

Zum Basteln braucht ihr einen großen Karton, einen Bleistift,
verschiedene Farbstifte, eine Schere **und** Kleber.

Der Mann ist komisch angezogen: Er trägt ein violettes
Hemd, grasgrüne Socken, eine dunkelblaue Hose,
einen roten Hut, weiße Schuhe **und** eine hellgelbe
Jacke.

Marlis Erni-Fähndrich: Satzzeichen und direkte Rede · 5./6. Klasse · Best.-Nr. 775 · © Brigg Pädagogik Verlag GmbH, Augsburg

L24 Komma zwischen Verben und Adjektiven

Lösung

Das Komma freut sich, dass es zwischen so vielen Nomen sitzen darf. Aber mit der Zeit findet es die Nomen langweilig. Es kennt andere Wortarten, zum Beispiel Verben und Adjektive. Deshalb probiert es aus, ob es sich auch zwischen diese setzen darf.

Du kannst ihm dabei helfen.

Übung 24.1: *Wo darf ein Komma hinein? Setze die Kommas ein.*

Schneien, regnen, winden, stürmen, blitzen und donnern sind Wetterverben.

Ich kenne hilfsbereite, freundliche und lustige Menschen.

Putz endlich diese kleine, runde, schmutzige Fensterscheibe!

In der Pause rennen, hüpfen, springen und spielen die Kinder.

Wollen wir fernsehen, ein Buch lesen, basteln, draußen spielen oder zu Martina nach Hause gehen?

Meine Mutter bügelt die Wäsche, wäscht das Geschirr ab, putzt die Wohnung, kocht das Essen, geht einkaufen und hilft uns bei Hausaufgaben.

In diesem Märchen kommen eine schöne, junge Prinzessin, ein guter, reicher König, eine böse, hässliche, alte Hexe und ein schneeweißes Pferd vor.

Das Komma hat plötzlich eine Idee:

Immer, wenn gleichartige Wörter oder Wortgruppen aufgezählt werden, darf ich mich dazwischen setzen; aber vor **und** / **oder** habe ich keinen Platz.

Übung 24.2: *Was meinst du? Stimmt diese Idee? Kreuze an:*

☒ JA   ☐ NEIN

   Marlis Erni-Fähndrich: Satzzeichen und direkte Rede · 5./6. Klasse · Best.-Nr. 775 · © Brigg Pädagogik Verlag GmbH, Augsburg

L25 Komma bei Aufzählungen

Lösung

Nun möchte das Komma genauer wissen, was eine **Aufzählung** ist.

Der Lehrer schreibt zwei Beispiele an die Tafel:

Möchtest du	knackige Äpfel	**,**	reife Bananen	**,**	frische Ananas	**oder**	gelbe Birnen?
	Teil 1		Teil 2		Teil 3		Teil 4

Der Bauer	erntet Getreide	**,**	melkt die Kühe	**,**	mäht die Wiese	**und**	sät Weizen.
	Teil 1		Teil 2		Teil 3		Teil 4

Jetzt hat das Komma verstanden:

Teile einer Aufzählung können einzelne Wörter sein.

Es können aber auch mehrere Wörter sein,
wie die Beispiele oben zeigen.

Das möchte das Komma selbst ausprobieren.

Frühling, Sommer, Herbst und Winter

Übung 25: *Bilde aus den Wörtern und Wortgruppen Aufzählungen und setze am passenden Ort ein:* **,** */ und / oder*

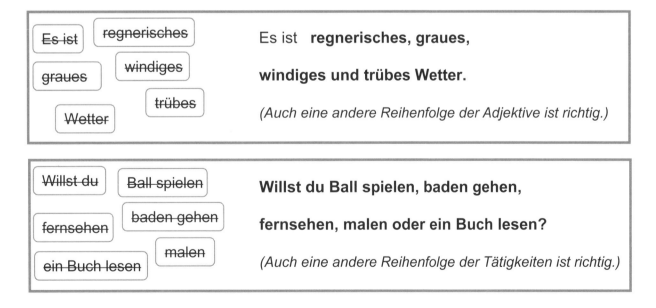

Es ist ~~regnerisches~~ ~~graues~~ ~~windiges~~ ~~trübes~~ ~~Wetter~~

Es ist **regnerisches, graues,**

windiges und trübes Wetter.

(Auch eine andere Reihenfolge der Adjektive ist richtig.)

~~Willst du~~ ~~Ball spielen~~ ~~baden gehen~~ ~~fernsehen~~ ~~malen~~ ~~ein Buch lesen~~

Willst du Ball spielen, baden gehen,

fernsehen, malen oder ein Buch lesen?

(Auch eine andere Reihenfolge der Tätigkeiten ist richtig.)

Marlis Erni-Fähndrich: Satzzeichen und direkte Rede · 5./6. Klasse · Best.-Nr. 775 · © Brigg Pädagogik Verlag GmbH, Augsburg

L26 Komma bei Aufzählungen

Lösung

Solche Übungen gefallen dem Komma, und es will noch mehr lösen.
So wird es immer sicherer und weiß, wo es sich hinsetzen darf.

Übung 26.1: *Bilde Aufzählungen.*
Am Ende des Satzes machst du das passende Satzzeichen:

, / und / oder

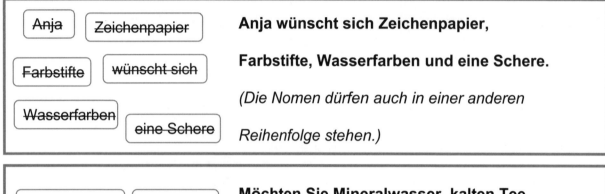

Anja — Zeichenpapier — Farbstifte — wünscht sich — Wasserfarben — eine Schere	**Anja wünscht sich Zeichenpapier, Farbstifte, Wasserfarben und eine Schere.** *(Die Nomen dürfen auch in einer anderen Reihenfolge stehen.)*

Mineralwasser — kalten Tee — Kaffee — Möchten Sie — frischen Orangensaft — Limonade	**Möchten Sie Mineralwasser, kalten Tee, Kaffee, frischen Orangensaft oder Limonade?** *(Auch eine andere Reihenfolge der Getränke ist richtig).*

Jetzt möchte das Komma eigene Aufzählungen aufschreiben.

Übung 26.2: *Schreibe selbst zwei Beispiele auf.*

1. **Individuelle Lösungen.**

2. **Individuelle Lösungen.**

L27 Komma bei Aufzählungen

Lösung

Das Komma hat schon viel gelernt, aber manchmal ist es sich nicht sicher. Du kannst ihm helfen, die folgenden Sätze zu korrigieren. – Nicht alle Sätze enthalten Fehler.

Übung 27: • *Falsche* Kommas streichst du mit roter Farbe durch.
  • *Fehlende* Kommas setzt du ein und umrahmst sie.
  • *Richtige* Kommas kannst du farbig anmalen.

◊ Ich fotografiere am liebsten / Berge **,** Seen **,** Flüsse / und wilde / Bäche.

→ In diesem Satz sind drei falsche und zwei richtige Kommas.

◊ Ich mag Pizza mit Tomaten **,** Käse **,** Oliven **,** Peperoni und Salami.

→ Hier fehlte ein Komma; zwei Kommas sind richtig. Kein Komma ist falsch.

Jetzt bist du dran:

1. Es gibt viele Arten von Wasser: Regenwasser **,** Trinkwasser **,** Zuckerwasser **,**
    Salzwasser **,** Mineralwasser / und Leitungswasser. (3 richtige, 1 fehlendes, 1 falsches Komma)

2. Als Hausaufgaben / müssen wir fünf Rechnungen lösen **,** ein kurzes Gedicht
    abschreiben und eine Zeichnung fertig machen. (1 falsches, 1 richtiges Komma)

3. Der Kellner zählt das heutige Menü auf:
    Frischer Spargel als Vorspeise **,**
    Bratkartoffeln **,** Geschnetzeltes an Rahmsauce **,**
    Blumenkohl und Karotten als Hauptmenü und
    Schokoladencreme zum Dessert. (3 richtige Kommas)

4. Auf der Hochzeit waren / die Eltern **,** Brüder **,** Schwestern **,** Onkel **,** Tanten **,**
    Cousinen und Cousins des Brautpaares. (1 falsches, 5 fehlende Kommas)

5. Die drei Monate des Winters sind Dezember **,** Januar und Februar. (1 richtiges Komma)
    Die Frühlingsmonate sind März **,** April und Mai. (1 fehlendes Komma)
    Juni **,** Juli / und August sind die Sommermonate. (1 richtiges, 1 falsches Komma)
    Der Herbst umfasst die Monate / September **,** Oktober und November. (1 falsches,
    1 richtiges Komma)

Marlis Erni-Fähndrich: Satzzeichen und direkte Rede · 5./6. Klasse · Best.-Nr. 775 · © Brigg Pädagogik Verlag GmbH, Augsburg

L28 Sehr schön! Eisig kalt!

Lösung

Übung 28.1: *Lies die folgenden Sätze durch.*

Das Wetter war **sehr schön**.

Dieses Bild hast du **außerordentlich sorgfältig** gemalt.

Die Frisur steht dir **ausgesprochen gut**.

Deine Jacke ist **total modern**.

Sind in den vier Sätzen Kommafehler? ☐ JA ☒ NEIN

Und-Probe:

Wenn du ein ***und*** zwischen die Wörter setzen kannst, ist es eine Aufzählung.

Das Wetter war sehr ~~und~~ schön. ➔ Das geht nicht, also: **keine Aufzählung**.

ABER:

Das Wetter war sehr schön **und** herrlich warm. ➔ Das geht, also: **Aufzählung**.

Übung 28.2: *Kreuze bei jedem Satz an, ob es eine Aufzählung ist oder nicht.*
Denke an die Und-Probe.
Wenn es eine Aufzählung ist, machst du ein Komma.

	Aufzählung	keine Aufzählung
ein furchtbar langweiliger Film	☐	☒
ein schrecklich neugieriger Mensch	☐	☒
ein kleines, gemütliches Zimmer	☒	☐
ein hübsches, kleines Geschenk	☒	☐
eine bunt bemalte Blumenvase	☐	☒
ein großer, prächtiger Blumenstrauß	☒	☐
glasklares, frisches Wasser	☒	☐
ein frisch gespitzter Bleistift	☐	☒

Marlis Erni-Fähndrich: Satzzeichen und direkte Rede · 5./6. Klasse · Best.-Nr. 775 · © Brigg Pädagogik Verlag GmbH, Augsburg

L29 große, alte Tannen / alte, große Tannen

Lösung

----

*Du hast die **Und**-Probe kennengelernt.*

*Du kannst auch die **Umstell-Probe** ausprobieren.*

Umstell-Probe:

> Wenn du die Wörter umstellen kannst, ohne dass sich der Sinn verändert, dann ist es eine Aufzählung.

<u>schönes</u>, <u>warmes</u> Wetter / <u>warmes</u>, <u>schönes</u> Wetter ➔ Aufzählung

<u>frisch</u> <u>gestrichene</u> Wände ➔ keine Aufzählung: man kann die Wörter nicht umstellen

Übung 29: *Stelle die Wörter um, wenn es möglich ist. Sonst machst du einen Strich.*

eine saftige, gelbe Birne	**eine gelbe, saftige Birne**
lange, schwarze Haare	**schwarze, lange Haare**
eine frisch gemähte Wiese	–
eine lustige, kleine Katze	**eine kleine, lustige Katze**
ein schnell zubereitetes Essen	–
ein schwer verständlicher Text	–
eine handgestrickte, blaue Mütze	**eine blaue, handgestrickte Mütze**
eine schwierig zu lösende Aufgabe	–
farbig bemalte Ostereier	–
frisch gewaschene Hosen	–
kleine, spitze Kieselsteine	**spitze, kleine Kieselsteine**
eine sehr teure Uhr	–
hässliche, kleine Zwerge	**kleine, hässliche Zwerge**

L30 Sag es anders!

Lösung

Jetzt weißt du schon gut, was Aufzählungen sind.

Übung 30: *Schreibe die folgenden Sätze als Aufzählungen.*
Vergiss das Komma nicht.

Das Wetter ist regnerisch und kalt.	regnerisches, kaltes Wetter
Der Balkon ist groß und sonnig.	der **große, sonnige Balkon**
Das Bild ist schön und farbig.	das **schöne, farbige Bild**
Die Schachtel ist klein und leer.	**die kleine, leere Schachtel**
Der Zettel ist feucht und schmutzig.	**der feuchte, schmutzige Zettel**
Das Bachbett ist eng und ausgetrocknet.	**das enge, ausgetrocknete Bachbett**
Die Kinder sind lustig und fröhlich.	**die lustigen, fröhlichen Kinder** oder: **lustige, fröhliche Kinder**
Die Pappeln sind alt und krank.	**die alten, kranken Pappeln** oder: **alte, kranke Pappeln**
Die Kerze ist schmal und rot.	**die schmale, rote Kerze**
Der Wanderweg ist steil und steinig.	**der steile, steinige Wanderweg**

 Marlis Erni-Fähndrich: Satzzeichen und direkte Rede · 5./6. Klasse · Best.-Nr. 775 · © Brigg Pädagogik Verlag GmbH, Augsburg

L31 Vermisst: Komma!

Lösung

Übung 31.1: *In der folgenden Geschichte fehlen die Kommas.*
Setze sie ein.

Fabian Gelzer ist ein sehr netter, freundlicher und hübscher Mann.
Er hat dichtes, schwarzes Haar. Er trägt einen dunkelblauen Anzug,
eine schmale, gemusterte Krawatte und schwarze, glänzende,
spitze Schuhe. Er sieht wirklich gut aus.
Er ist immer heiter, zufrieden und liebenswürdig. Als Verkäufer
ist er den Kunden gegenüber höflich, humorvoll, geduldig und hilfsbereit.

Vor ein paar Tagen kam ein kleiner, dicker, komisch angezogener
Mann in unser Geschäft. Fabian Gelzer ging freundlich auf den
seltsamen Kauz zu und fragte: „Was kann ich für Sie tun?"
Der Mann sagte: „Mit Ihnen spreche ich nicht! Ich will mit dem
Chef sprechen."
Gelzer antwortete: „Der Chef ist auswärts auf einem Seminar.
Kann ich ihm etwas ausrichten?"
Der Mann schrie: „Sie lügen! Ihr Chef ist nicht auf einem Seminar.
Das weiß ich sehr genau!"
Der sonst so ruhige, höfliche und zuvorkommende Fabian Gelzer wurde
nervös. Anständig antwortete er: „Kommen Sie morgen wieder. Dann ist
der Chef hier."

Am nächsten Morgen musste Fabian Gelzer zum Chef ins Büro.
Nach einer Weile kam er strahlend wieder heraus und erzählte seinen
Kolleginnen und Kollegen: „Der komische Kauz von gestern war unser
Chef! Er hatte sich absichtlich verkleidet und wollte uns testen! –
Zum Glück war ich höflich, anständig und zuvorkommend."

Übung 31.2: *Male im obigen Text alle **und** farbig an.*

Marlis Erni-Fähndrich: Satzzeichen und direkte Rede · 5./6. Klasse · Best.-Nr. 775 · © Brigg Pädagogik Verlag GmbH, Augsburg

L32 aber / weil / dass ...

Lösung

Übung 32.1: *Lies die Sätze durch.*
Male die Kommas und das folgende Wort farbig an.

Er weiß, dass er um fünf Uhr zu Hause sein muss.

Sie möchte ins Kino gehen, aber sie hat kein Geld.

Aus der Radtour wird nichts, weil es in Strömen regnet.

Du bekommst eine Belohnung, wenn du mir hilfst.

Ich kaufe mir die Schuhe, obwohl sie teuer sind.

Sie möchte wissen, wann die Sommerferien beginnen.

Ich verstehe nicht, warum du so spät kommst.

Sprich lauter, damit dich alle verstehen!

Übung 32.2: *Mache aus den zwei Sätzen einen einzigen Satz.*

Wir gehen nicht ins Schwimmbad. Es ist zu kalt.   *weil*

  Wir gehen nicht ins Schwimmbad, **weil** es zu kalt ist.

Ich habe Petra eingeladen. Sie kann nicht kommen.   *aber*

  Ich **habe Petra eingeladen, aber sie kann nicht kommen.**

Du darfst die Straße nicht überqueren. Die Ampel steht auf Rot.   *wenn*

  Du darfst die Straße nicht überqueren, wenn die Ampel auf Rot steht.

Ich gehe in die Schule. Ich bin erkältet.   *obwohl*

  Ich gehe in die Schule, obwohl ich erkältet bin.

Er hat mir Geld gegeben. Ich kann mir selbst etwas kaufen.   *damit*

  Er hat mir Geld gegeben, damit ich mir selbst etwas kaufen kann.

 Marlis Erni-Fähndrich: Satzzeichen und direkte Rede · 5./6. Klasse · Best.-Nr. 775 · © Brigg Pädagogik Verlag GmbH, Augsburg

L33 Dasselbe, aber anders

Lösung

Die Straße war vereist. Wir mussten langsam fahren.

Diese zwei Sätze kann man auf verschiede Weisen zusammensetzen:

1. Weil die Straße vereist war │ , │ mussten wir langsam fahren.

2. Wir mussten langsam fahren │ , │ weil die Straße vereist war.

In beiden Fällen schreibt man ein Komma zwischen die Teilsätze.

Übung 33: *Setze die Kommas ein.*

Er kam zu spät, weil ihm der Bus vor der Nase weggefahren war.

Weil ihm der Bus vor der Nase weggefahren war, kam er zu spät.

Wenn die Sonne scheint, spielen wir draußen.

Wir spielen draußen, wenn die Sonne scheint.

Ich weiß nicht, ob er mitkommt.

Ob er mitkommt, weiß ich nicht.

Es ist klar, dass sie gelogen hat.

Dass sie gelogen hat, ist klar.

Sobald er hier ist, können wir mit dem Kartenspiel beginnen.

Wir können mit dem Kartenspiel beginnen, sobald er hier ist.

Seit Tomi mit uns spielt, ist es viel lustiger.

Es ist viel lustiger, seit Tomi mit uns spielt.

Obwohl es kalt war, gingen wir Schlittenfahren.

Wir gingen Schlittenfahren, obwohl es kalt war.

Wenn es nötig ist, helfe ich dir bei den Hausaufgaben.

Ich helfe dir bei den Hausaufgaben, wenn es nötig ist.

L34 Komma dass

Lösung

Vor **dass** steht (fast) immer ein Komma.
Wenn du daran denkst, machst du weniger Kommafehler.

> Ich weiß**, dass** vor *dass* ein Komma steht.

Übung 34:   *Schreibe die Sätze als dass-Sätze.*

- Es geht ihr besser. Ich bin froh.   ➔   Ich bin froh, **dass** es ihr besser geht.

- Ich habe gewonnen.   ➔   Es freut **mich, dass ich gewonnen habe.**

  Es freut mich.

- Es regnet.   ➔   Du **siehst doch, dass es regnet.**

  Das siehst du doch.

- Du sollst das Fenster schließen.   ➔   Ich habe **dir gesagt, dass du das**

  Das habe ich dir gesagt.   **Fenster schließen sollst.**

- Er hat sich das Bein gebrochen.   ➔   **Ich habe nicht gewusst, dass er sich**

  Das habe ich nicht gewusst.   **das Bein gebrochen hat.**

- Papi hat morgen Geburtstag.   ➔   **Denk daran, dass Papi morgen**

  Denk daran.   **Geburtstag hat.**

- Die Erde dreht sich.   ➔   **Viele wissen nicht, dass sich die**

  Das wissen viele nicht.   **Erde dreht.**

   Marlis Erni-Fähndrich: Satzzeichen und direkte Rede · 5./6. Klasse · Best.-Nr. 775 · © Brigg Pädagogik Verlag GmbH, Augsburg

L35 Komma weil

Lösung

Vor *weil* steht ein Komma.

Übung 35: *Schreibe weil-Sätze.*

• Wir haben kein Licht.

  Die Glühbirne ist kaputt.

➜ Wir haben kein Licht, **weil** die Glühbirne

  kaputt ist.

• Das Essen ist angebrannt.

  Ich habe den Herd nicht

  ausgeschaltet.

➜ Das Essen **ist angebrannt, weil ich**

  den Herd nicht ausgeschaltet habe.

• Das Kind weint.

  Es hat Hunger.

➜ **Das Kind weint, weil es Hunger hat.**

• Nico versteckt sich.

  Er hat Angst.

➜ **Nico versteckt sich, weil er Angst hat.**

• Die Schwalben fliegen in den

  Süden. Es ist Herbst.

➜ **Die Schwalben fliegen in den Süden, weil**

  es Herbst ist.

• Die Leute klatschen.

  Das Zauberstück war spannend.

➜ **Die Leute klatschen, weil das**

  Zauberstück spannend war.

L36 Im Zoo

Lösung

Im Zoo sind bisher leider keine Kommas!

Übung 36: *Setze alle Kommas ein.*

Im Zoo habe ich ganz verschiedene Tiere gesehen:
Zebras, Löwen, Elefanten, Tiger, Affen, Giraffen,
Flusspferde, Pelikane und Pinguine.

Ich habe auch gesehen, dass die
Elefanten einander mit Wasser
angespritzt haben.

Die Pinguine sind langsam ins Wasser
gewatschelt, dann sind sie untergetaucht
und herumgeschwommen. Ich glaube, dass sie
im Wasser richtig Spaß hatten.

Der Löwe ist herumspaziert, der Affe hat
Grimassen geschnitten, die Giraffe
streckte den langen, schlanken Hals in die Höhe
und fraß junge, grüne Blätter von einem Baum.

Wir wussten, dass wir nicht zu nahe an die
Käfige gehen sollten, weil wir die Raubtiere nicht reizen wollten.
Ich gehe gern in den Zoo, weil immer etwas los ist und es viel anzuschauen
gibt. Ich frage meine Eltern, ob wir am nächsten Sonntag wieder hingehen.

Marlis Erni-Fähndrich: Satzzeichen und direkte Rede · 5./6. Klasse · Best.-Nr. 775 · © Brigg Pädagogik Verlag GmbH, Augsburg

L37 Ein Eis!

Lösung

Die Lehrerin fragt:

Alle Kinder antworten:

Stell dir vor, du müsstest immer Sprechblasen zeichnen, wenn jemand etwas sagt! Das wäre mühsam!

Das kann man viel einfacher schreiben:

Die Lehrerin fragt: „Wer möchte ein Eis?" Alle Kinder antworten: „Ich!"

Die **Anführungszeichen** zeigen, dass jemand etwas genau so gesagt oder gefragt hat. Diese Zeichen heißen auch *Gänsefüßchen.*

Übung 37: *Schreibe die Sätze in den Sprechblasen zwischen Anführungszeichen.*

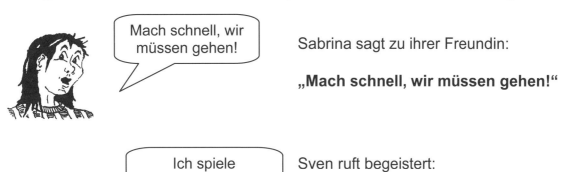

Sabrina sagt zu ihrer Freundin:

„Mach schnell, wir müssen gehen!"

Ich spiele Schweinchen Pink!

Sven ruft begeistert:

„Ich spiele Schweinchen Pink!"

L38 Das sagt jemand wörtlich

Lösung

Übung 38: *Schreibe den Satz in der Sprechblase als wörtliche Rede.*
Denke an die Anführungszeichen.

Welche Zeichnung
gefällt euch am besten?

Die Lehrerin fragt: „Welche Zeichnung gefällt euch am besten?"

Gefällt dir mein Bild?

Marina fragt ihre Mutter: **„Gefällt dir mein Bild?"**

Ich übe für unseren
Zirkusnachmittag.

Sarah erklärt: **„Ich übe für unseren Zirkusnachmittag."**

Schau, ich kann
einen Handstand!

Enrico ruft begeistert: **„Schau, ich kann einen Handstand!"**

Das weiß ich
doch nicht!

Bettina antwortet:

„Das weiß ich doch nicht!"

Marlis Erni-Fähndrich: Satzzeichen und direkte Rede · 5./6. Klasse · Best.-Nr. 775 · © Brigg Pädagogik Verlag GmbH, Augsburg

L39 Der Lehrer fragt: „.................?"

Lösung

In vielen Witzen braucht man Anführungszeichen. Alles, was zwischen den Anführungszeichen steht, hat jemand genau so gesagt oder gefragt.

Die Lehrerin stellt eine Aufgabe: „Auf einem Baum sitzen fünf Raben. Ein Mann schießt einen Raben ab. Wie viele sitzen jetzt noch oben?"

Emil antwortet: „Keiner mehr, die anderen sind erschrocken und davongeflogen!"

Übung 39:   *Was sagen die Personen wörtlich? Setze die Anführungszeichen ein.*

☺   Christian kommt zu spät in die Schule. Die Lehrerin fragt ihn: „Hast du keinen Wecker?" Christian sagt: „Doch, aber er läutet immer dann, wenn ich noch schlafe!"

☺   Der Lehrer sagt zu Kathrin: „Ich hoffe, dass ich dich nie mehr beim Abschreiben erwische!" Kathrin antwortet: „Ich auch!"

☺   Der Lehrer fragt: „Warum hat die Giraffe einen so langen Hals?"
Tamara ruft schnell: „Weil der Kopf so hoch oben ist!"

☺   Entsetzt schaut die Lehrerin die linke Hand von David an: „Wenn du mir in dieser Klasse eine Hand zeigen kannst, die noch dreckiger ist, bekommst du von mir keine Hausaufgaben!" –   Da zeigt ihr David lächelnd seine rechte Hand.

☺   Der Vater sagt: „In Deutschland ist die Kinderarbeit verboten."   Da meint Susanne: „So, und warum wissen das unsere Lehrer nicht?"

☺   Herr Beck fragt: „Wer kennt ein Tier ohne Knochen?" Manuel weiß es und sagt: „Ein Wurm." Der Lehrer meint: „Sehr gut, Manuel. Und wer weiß noch ein Tier ohne Knochen?"   Ines antwortet: „Noch ein Wurm."

☺   Frau Fink erklärt: „Der Maulwurf frisst jeden Tag so viel, wie er selbst schwer ist."   Da wundert sich Sebastian: „Aber woher weiß er denn, wie schwer er ist?"

☺   Herr Filippi tadelt Sandra: „Kannst du mich nicht grüßen, wenn du hereinkommst?"   Sandra fragt schüchtern: „Doch, aber von wem denn?"

Marlis Erni-Fähndrich: Satzzeichen und direkte Rede · 5./6. Klasse · Best.-Nr. 775 · © Brigg Pädagogik Verlag GmbH, Augsburg

L40 Anführungszeichen oder nicht?

Lösung

Nur, wenn jemand etwas genau so gesagt hat, braucht man Anführungszeichen.

Die Lehrerin sagt: [Ich erzähle euch eine Geschichte.]

Die Lehrerin sagt: „Ich erzähle euch eine Geschichte."

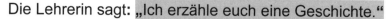

*Das hat die Lehrerin **wörtlich** so gesagt.*
Wir setzen also Anführungszeichen.

ABER: Die Lehrerin sagt, dass sie uns eine Geschichte erzählt.

*Das hat die Lehrerin **nicht wörtlich** so gesagt.*
Wir setzen keine Anführungszeichen.

Übung 40: *Lies die Satzpaare durch. In welchem Satz braucht man Anführungszeichen? Setze sie ein.*

Rudi fragt: „Wer hat beim Skifahren gewonnen?"	Rudi fragt, wer beim Skifahren gewonnen habe.
Meine Schwester sagte, ich solle sie in Ruhe lassen.	Meine Schwester sagte: „Lass mich in Ruhe!"
Mein Großvater fragte mich, ob ich schon bis hundert zählen könne.	Mein Großvater fragte mich: „Kannst du schon bis hundert zählen?"
Belinda rief: „Ich gehe ins Schwimmbad. Wer will mitkommen?"	Belinda rief, sie gehe ins Schwimmbad. Sie fragte, wer mitkommen wolle.
Achim ärgerte sich: „Das ist ein richtiger Blödsinn!"	Achim ärgerte sich, das sei ein richtiger Blödsinn.
Svenja fragt, wer mit ihr eine Sandburg bauen wolle.	Svenja fragt: „Wer will mit mir eine Sandburg bauen?"
Der Mann fragt: „Hast du Angst vor dem Hund?"	Der Mann fragt, ob ich Angst vor dem Hund habe.
Der Lehrer verkündet: „Heute gebe ich keine Hausaufgaben."	Der Lehrer verkündet, dass er heute keine Hausaufgaben gebe.

L41 Begleitsatz und wörtliche Rede

Lösung

Der Lehrer sagt:	„Heute lernt ihr schwimmen."
Im <u>Begleitsatz</u> steht, <u>wer</u> etwas sagt oder fragt. Nach dem Begleitsatz steht ein Doppelpunkt.	In der wörtlichen Rede steht, was die Person sagt oder fragt. Die wörtliche Rede steht in Anführungszeichen.

● **Übung 41:** *Schreibe in den nächsten Beispielen den Begleitsatz auf.*
Vergiss den Doppelpunkt nicht.

Onkel; versprechen	<u>Der Onkel verspricht:</u>	„Wenn du gute Noten hast, schenke ich dir ein Fahrrad."
Mutter; fragen	**Die Mutter fragt:**	„Möchtest du eine Banane?"
Andi; bluffen	**Andi blufft:**	„Ich kann am schnellsten rennen."
Urs; flüstern	**Urs flüstert:**	„In der Pause verrate ich dir ein Geheimnis."
Simon; jubeln	**Simon jubelt:**	„Ich habe den Wettlauf gewonnen!"
Sven; zweifeln	**Sven zweifelt:**	„Haben wir heute Nachmittag wirklich frei?"
Maria; lügen	**Maria lügt:**	„Ich habe gar nichts gesehen."
Alicia; behaupten	**Alicia behauptet:**	„Patricia hat alles von mir abgeschrieben."

L42 Wer hat was gesagt?

Lösung

Übung 42: *Schreibe immer Begleitsatz und wörtliche Rede auf.*
Achte auf die Satzzeichen.

Begleitsatz: Wer sagt etwas?	Wörtliche Rede: Was wird gesagt?

Peter zu seiner Mutter	Die Klassenfahrt hat ihm gut gefallen
Peter sagt zu seiner Mutter:	„Die Klassenfahrt hat mir gut gefallen."

Daniela zu ihrer Freundin	Sie darf das Geheimnis niemandem verraten
Daniela sagt zu ihrer Freundin:	„Du **darfst das Geheimnis niemandem verraten."**

Alina zum Lehrer	Sie hat einen lustigen Clown gemalt
Alina **sagt zum Lehrer:**	„Ich habe einen lustigen Clown gemalt."

Luca zu seinem Bruder	Wir haben im Seilziehen gewonnen
Luca sagt zu seinem Bruder:	„Wir haben im Seilziehen gewonnen!"
	(Hier ist ! oder . richtig)

Die Lehrerin zu Roger	Das hat er sehr schön gemacht
Die Lehrerin sagt zu Roger:	„Das hast du sehr schön gemacht!"
	(Hier ist ! oder . richtig)

   Marlis Erni-Fähndrich: Satzzeichen und direkte Rede · 5./6. Klasse · Best.-Nr. 775 · © Brigg Pädagogik Verlag GmbH, Augsburg

L43 Mal vorne, mal hinten

Lösung

Der Begleitsatz kann nicht nur *vor* der wörtlichen Rede stehen. Man darf ihn auch an die wörtliche Rede anhängen.

Übung 43:   *Male in den folgenden Sätzen den* Begleitsatz *farbig an.*

Ines fragt ihre Freundin: „Kannst du mir zwei Euro leihen?"

„Der Gugelhupf ist ein Gebäck mit einem Loch in der Mitte", erklärt Jasmin ihrer kleineren Schwester.

„Es wird ein Gewitter geben", befürchtet der Bauer.

„Ihr habt das Theater sehr schön gespielt und auch deutlich gesprochen", lobt der Lehrer.

Adriana erzählt ihrer Großmutter strahlend: „Ich habe am Meer viele schöne Muscheln gefunden."

Die Chefin setzt ihre Brille auf und sagt langsam zum Angestellten: „Wenn Sie in Zukunft nicht pünktlich hier sind, muss ich Sie entlassen."

Nadja fragt ihre Banknachbarin: „Was ist ein Dschungel?"
„Das ist ein Urwald", antwortet sie.

„Ich liebe Suchbilder. Meistens finde ich die Unterschiede schnell. Man muss einfach gut schauen", schwärmt Nicole ihrer Freundin Damaris vor.
Damaris antwortet: „Also probieren wir es. Wer findet die neun Unterschiede schneller?"

Wo sind die neun Unterschiede?

Marlis Erni-Fähndrich: Satzzeichen und direkte Rede · 5./6. Klasse · Best.-Nr. 775 · © Brigg Pädagogik Verlag GmbH, Augsburg

L44 Wo steht der Begleitsatz?

Lösung

Du weißt, dass der Begleitsatz am Anfang oder am Schluss des Satzes stehen kann.

Begleitsatz am Anfang: Die Mutter ruft : „Ihr könnt zum Essen kommen."

Begleitsatz am Schluss: „Ihr könnt zum Essen kommen", ruft die Mutter.

Übung 44: *Male in den folgenden Sätzen zuerst den Begleitsatz farbig an.*
Setze dann die Satzzeichen ein.
Wenn du dir nicht sicher bist, kannst du oben nachschauen.

„Morgen machen wir eine Wanderung", verkündet der Lehrer.

„Ich weiß nicht, ob ich mitkommen kann", sagt Lorenzo.

„Das wäre aber schade", meint Pedro.

Der kleine Pascal sagt zur Großmutter: „Das Zebra

ist sehr schön angemalt."

Gabriela frohlockt: „Morgen mache ich

mit meinen Freundinnen eine Geburtstagsparty."

„Wir helfen dir beim Vorbereiten", versprechen Nadja und Aline.

„Morgen darf ich mit meinem Onkel ins Kino gehen", freut sich Paul.

Olaf zeigt dem Vater stolz sein Heft und sagt: „Ich habe im Diktat

keinen einzigen Fehler gemacht."   (Hier ist . oder ! richtig)

„Dafür bekommst du von mir fünf Euro", lobt der Vater.

    Marlis Erni-Fähndrich: Satzzeichen und direkte Rede · 5./6. Klasse · Best.-Nr. 775 · © Brigg Pädagogik Verlag GmbH, Augsburg

L45 Mittendrin

Lösung

Das kennst du schon gut:

Begleitsatz:	„Wörtliche Rede."	→ Begleitsatz am Anfang

Begleitsatz am Schluss →	„Wörtliche Rede",	Begleitsatz.

Das ist neu für dich: **Der Begleitsatz kann auch in der Mitte stehen:**

„Wörtliche Rede",	Begleitsatz,	„wörtliche Rede."
„Tobias",	rief der Vater,	„komm doch bitte mal zu mir."

Das sagt der Vater wörtlich.		*Das sagt der Vater wörtlich.*

Du weißt: **Alles, was jemand wörtlich sagt, steht in Anführungszeichen.**

Übung 45.1: *Male den Begleitsatz farbig an.*

„Bravo", lobt der Lehrer, „das habt ihr ausgezeichnet gemacht!"

„Juhu", schwärmt Marina, „ich darf auf die Party gehen!"

„Wer von euch", fragt der Nachbar, „hat die Scheibe eingeschlagen?"

„Ich glaube nicht", sagt der Professor zum Studenten, „dass Sie die Prüfung bestehen."

Übung 45.2: *Male den Begleitsatz farbig an.*
Setze dann alle Satz- und Anführungszeichen ein.

„Ich freue mich", sagt Tante Olga, „wenn du mich besuchst."

„Wenn ihr brav seid", verspricht die Mutter, „bekommt ihr ein Eis."

„So schönes Wetter", freut sich Pietro, „hatten wir schon lange nicht mehr." (oder !)

„Eigentlich", meint Karin, „ist das gar nicht so schwierig."

L46 „Wann", fragt Fabio, „kommst du?"

Lösung

Schau dir die Satz- und Anführungszeichen gut an:

„Wörtliche Rede",	Begleitsatz,	„wörtliche Rede."
„Wörtliche Rede",	Begleitsatz,	„wörtliche Rede!"
„Wörtliche Rede",	Begleitsatz,	„wörtliche Rede?"

Übung 46.1: *Setze die Satzzeichen ein:* **, . ! ?**
Die Anführungszeichen sind bereits eingefügt.

„Ich weiß nicht", sagt Carmen, „ob ich ein Meerschweinchen bekomme."

„Soll ich den Brief mitnehmen", fragt Frau Meier, „wenn ich zur Post gehe?"

„Schluss jetzt", ruft Herr Leisemann, „ich habe euren Lärm satt!"

„Es hat mich gefreut", meint Onkel Mario, „dass du mir geschrieben hast."

„Warum hast du", fragt der Lehrer, „deine Sportkleidung nicht mitgenommen?"

Übung 46.2: *Setze die Anführungszeichen ein.*
Die Satzzeichen sind bereits eingefügt.

„Meine Kühe", erklärt der Bauer, „mögen Musik im Stall."

„Wer kann schneller rennen", fragt Sascha, „ein Löwe oder ein Tiger?"

„Ich befürchte", sagt Tonio, „dass wir den Bus verpassen."

„Was jemand wörtlich sagt", erklärt die Lehrerin, „steht in Anführungszeichen."

„Wir gehen nur baden", sagt die Mutter, „wenn die Sonne scheint."

     Marlis Erni-Fähndrich: Satzzeichen und direkte Rede · 5./6. Klasse · Best.-Nr. 775 · © Brigg Pädagogik Verlag GmbH, Augsburg

L47 Drei Möglichkeiten

Lösung

Jetzt kennst du die verschiedenen Möglichkeiten:

1	Begleitsatz am Anfang		Begleitsatz:	„Wörtliche Rede." (!?)	

2	Begleitsatz am Schluss	„Wörtliche Rede",	Begleitsatz.		

3	Begleitsatz in der Mitte	„Wörtliche Rede",	Begleitsatz,	„wörtliche Rede." (!?)

Übung 47: *Schreibe neben jeden Satz, um welche Möglichkeit es sich handelt.*
Wenn du zuerst den Begleitsatz farbig anmalst, geht es leichter.

2 „Wenn ihr etwas nicht wisst, dürft ihr mich fragen", sagt die Lehrerin.

2 „Wir gehen auf den Spielplatz", sagen Laura und Lea zu Manuela.

1 Nicole freut sich: „Ich habe ein neues Fahrrad bekommen!"

1 Annika fragt: „Fliegen Maikäfer nur im Mai?"

3 „Wir könnten doch", meint der Vater, „am Sonntag eine Radtour machen."

3 „Das ist keine schlechte Idee", antwortet Jan, „ich komme gern mit."

3 „Weißt du schon", fragt der Vater, „wohin du fahren möchtest?"

1 Jan strahlt: „Ja, an den Gilbenbach. Dann können wir im Wasser spielen."

2 „Einverstanden", sagt der Vater ruhig.

L48 Man kann es auf drei Arten sagen

Lösung

1		Begleitsatz:	„Wörtliche Rede." (! ?)
2	„Wörtliche Rede",	Begleitsatz.	
3	„Wörtliche Rede",	Begleitsatz,	„wörtliche Rede." (! ?)

Übung 48: *Schreibe die Satzteile so auf, dass sie im richtigen Kästchen stehen.*
Achte auf die Satz- und Anführungszeichen.

1		Doris sagte:	„Ich weiß, wer den Ring gestohlen hat."
2	„Ich weiß, wer den Ring gestohlen hat",	sagte Doris.	
3	„Ich weiß",	sagte Doris,	„wer den Ring gestohlen hat."

1		Björn sagte:	„Ich finde, das ist ein blödes Spiel."
2	„Ich finde, das ist ein blödes Spiel",	sagte Björn.	
3	„Ich finde",	sagte Björn,	„das ist ein blödes Spiel."

1		Britta sagte:	„Ich glaube, Dario hat gelogen."
2	„Ich glaube, Dario hat gelogen",	sagte Britta.	
3	„Ich glaube",	sagte Britta,	„Dario hat gelogen."

1		Tim sagt:	„Ich glaube, ich werde krank."
2	„Ich glaube, ich werde krank",	sagt Tim.	
3	„Ich glaube",	sagt Tim,	„ich werde krank."

1		Ines sagt:	„Ich hoffe, dass du mitkommst."
2	„Ich hoffe, dass du mitkommst."	sagt Ines.	
3	„Ich hoffe",	sagt Ines,	„dass du mitkommst."

Marlis Erni-Fähndrich: Satzzeichen und direkte Rede · 5./6. Klasse · Best.-Nr. 775 · © Brigg Pädagogik Verlag GmbH, Augsburg

L49 Wie sagt man es wörtlich?

Lösung

1		Begleitsatz:	„Wörtliche Rede." (! ?)
2	„Wörtliche Rede",	Begleitsatz.	
3	„Wörtliche Rede",	Begleitsatz,	„wörtliche Rede." (! ?)

Die drei Muster kennen wir jetzt gut!

Übung 49: *Schreibe die Sätze so auf, wie die Personen sie wörtlich gesagt haben. Die Zahl sagt dir, nach welchem Muster du sie aufschreiben sollst.*

	Oma sagte, wenn es uns passe, komme sie am Sonntag zu Besuch.
3	„Wenn es euch passt", sagte Oma, „komme ich am Sonntag zu Besuch."

	Marina fragt, ob sie mitspielen dürfe.
1	Marina **fragt: „Darf ich mitspielen?"**

	Kevin sagte, er habe Ines geholfen.
2	**„Ich habe Ines geholfen",** sagte Kevin.

	Frau Bodmer sagte, es tue ihr leid, sie habe kein Geld bei sich.
3	**„Es tut mir leid",** sagte Frau Bodmer, **„ich habe kein Geld bei mir."**

	Papa hat gesagt, er komme später heim.
2	**„Ich komme später heim",** hat Papa gesagt.

	Nadine sagte, sie sei zu spät, weil sie den Wecker nicht gehört habe.
3	**„Ich bin zu spät",** sagte Nadine, **„weil ich den Wecker nicht gehört habe."**
